生命，因閱讀而大好

U0046625

生命，因閱讀而大好

# 有那麼多煩惱，是因為你過度思考和追求

## 東大名僧教你5步驟心靈洗滌術

草薙龍瞬
KUSANAGI RYUSHUN

楊詠婷——譯

こころを洗う技術
思考がクリアになれば人生は思いのまま

/intro/

## 前言



Chapter 01

/ STOP /

## 暫停

——日常生活中的各種瑣事，
會讓心靈變得髒污、沉重。
一起來學會讓內心「暫停」的技術吧！

## Chapter 02

/ SHAPE /

# 削除

——每日的反應會像灰塵般不斷累積。
只要有智慧地去除心靈髒污，
就能拿回原有的力量。



## Chapter 03

/ STAY /

# 停留

——未經思考而隨意給出反應，會自食苦果。
留在「自我領域」，
不要受到他人影響。

Chapter / 04

REBUILD /

# 重建

——偶爾動搖崩潰也無妨。
內心可以重建，也有方法。
培養一個泰山崩於前而色不變的強大心靈吧！

Chapter / 05

/ OVERCOME /

# 超越

——理解的能力，能將現實問題變爲「普通的課題」。
煩惱不是用一生來背負的東西，
而是用來理解並超越。

前言

# 學會「心靈洗滌術」，讓生活舒服又自在

如果能夠活得更隨心所欲就好了——打從心底這麼想的人非常多。

如果可以，想過得更舒服、更自在。

如果可以，想回到過去某個時刻，給自己勇於面對的機會。

如果可以，想讓自己與那個人擁有更快樂的時光。

如果可以，想做出更聰明的選擇，過著不那麼辛苦的人生——

抱著以上這些願望的人，絕非少數。

這些願望——不，應該說是「內心的渴望」。這些永不停歇、沒有被滿足，「如果可以、想要更……比現在更……以後要……」的念頭，是不是讓人覺得很熟悉？

這些想法就是「心靈的髒污」，讓人心情沉重、鬱鬱寡歡，不知不覺的，我們的內心就在每日的工作及生活的折磨中，變得髒污不堪。

舉例來說——

〇內心累積了許多焦躁的情緒及壓力，總是想東想西，無法平靜。

〇一直對過去抱著依戀及後悔，心裡彷彿壓著一塊大石。

〇太過在意他人的舉動，和別人相處時，總是很緊張，容易受到影響。

〇一旦失敗就會產生動搖，失去自信、變得軟弱。

〇不斷重複相同的煩惱及失敗，讓自己陷入停滯而無法前進。

上述這些煩惱，每個人應該多少都擁有一、兩種——這些全都是「心靈的髒污」。若是放著不管，就會不斷累積，一旦處理不當，人生就會受到很大的影響。

當我們弄髒身體，會用水清洗；那麼，當心靈變髒了，也只要清洗就好。

**只要學會「打掃心靈的技術」，一切就不會有問題——**

或許大家對「打掃心靈」這個名詞不是很熟悉，但是在佛教的世界裡，這是自古留傳下來的基礎生活智慧。

**讓心靈蒙塵的厚重髒污被清洗得一乾二淨，將內心從所有的不滿足當中解放，每天就能過得舒適清爽，甚至覺得「凡事心想事成」，心靈輕盈無負擔**——這是眞實存在的心境。

本書的目的，就是要藉由種種實踐，讓所有人的心境變得開朗疏闊，重新獲得「乾淨澄澈的心」，過著舒服自在的日子。

本書將「打掃心靈的技術」，整理成五個具代表性的關鍵詞。

**暫停**——停止內心不必要的運作，減少負面反應，取回心靈的平靜。（Chapter1）

**削除**——徹底捨棄壓力、不愉快的過去及佔據腦中的雜念（煩憂）。（Chapter2）

**停留**——不再徒勞追求與己無關之事及外在事物，確實保有自我。（Chapter3）

**重建**——遭遇失敗也不動搖，釋放被後悔及依戀等「過往」束縛的心。（Chapter4）

**超越**——找出造成長年煩惱的「原因」，實踐克服的「方法」。（Chapter5）

這些技術，光是粗略看下來，就能直覺感受到「**這是人生不可或缺的東**

西」。如果運用得當，或許就能解決人生裡絕大部分的問題。

會這麼說，是因爲這些技術都來自於「佛陀的智慧」。佛陀本人就是心境達到澄澈空明最高境界的「悟道者」，他所傳授的知識都是由①「打掃心靈」（洗滌心靈髒污）的方法與②「正確思考」（確實解決所有問題）組合而成。

佛陀於兩千五百年前所提出的這些教導，與其說是教義，更應該說是「**合理的心理運作方式**」。在現今這個時代，從冥想或心理學開始，有許多關於心靈的領域，源頭都是來自佛陀的教導。

本書就是將「打掃心靈的技術」予以系統化，讓現代人也能方便運用。同時，將佛陀教誨的本質利用豐富的「視覺圖像」加以解說，也是本書最大的特色。透過這些圖像表現，能讓人更直覺地擷取到文字無法立刻掌握的本質，並且更深入地加以理解。

工作、過去、人際關係、看不到前方的未來、不斷煽動情緒的網路、充斥著謊言的世間——我們每個人都必須活在這樣的現實裡。

所以，我們至少要學會「打掃心靈的技術」，讓自己在現實生活裡過得不那麼艱辛，至少——**「要讓心靈一直保持乾淨澄澈」**。

心想事成的暢快人生，從澄澈的心開始。

輕鬆無憂的每一天，能讓人感到光是活著就覺得非常幸福及喜悅，並且繼續朝向新生活邁進——

就從現在開始！

——**草薙龍瞬**

**註** 書內引用經文皆為作者改寫之白話版本，較為親近讀者且易於理解，並非經文原文，特此說明。

Chapter / 01

# 暫停

/ *STOP* /

日常生活中的各種瑣事，

會讓心靈變得髒污、沉重。

一起來學會讓內心「暫停」的技術吧！

# 淨化身心靈，啓動美好人生

每個人都希望人生能夠隨心所欲，但是現實卻從來不會如此順利。最大的原因是什麼？

簡單來說，就是「**心不夠清淨**」。

第一，內心已經髒污了——心中抱著許多焦躁、不安、對過去的執著及後悔、自卑感、糾纏在腦中的雜念等情緒。

第二，不知道如何將心靈的髒污洗滌乾淨。

第三，不知道今後該如何度過人生，才能相信「自己的選擇沒有錯」，也找不到答案。

這些讓「心不夠清淨」的所有狀況，就是心靈髒污的最大原因。

如此一來，找出這些問題的答案，幫助內心變清淨，同時靠近自己心中所希冀的「夢想人生」，就變成了我們的課題。

讓我們來整理一下，解決問題的順序——

**①暫停「不必要的內心運作」**

**②清洗掉已經產生的「心靈髒污」**

**③替內心換上「正確的思考方式」**

只要遵照這三個順序，就能重獲「清淨的心靈」。心靈沒有髒污，沒有煩惱，這樣的內心應該能讓人重新擁有舒適自由的人生。

與①②相關的具體方法後面會再詳述，這裡要補充的是③「正確的思考方式」。意思是將各種混亂卻找不到答案的「自我流思考」，替換成能真正找出答案的「正確思考」——依據目的所建立的邏輯性思考。

這裡需要特別留意的是：「如何肯定自己的人生」——這也是組成人生觀的重要部分。

接下來，即將要開始的「心靈的革命」，就是將已經髒污且無法運作的內心，**透過「打掃心靈」，轉變為自在運行的心**。

或許有人會想，這種事有可能嗎？

只要借用「佛陀的智慧」，一切都有可能。慢慢閱讀書中的內容，就會明白「心靈眞的可以煥然一新」，同時找到過去一直難以解答、關於人生問題的答案。

接著，讓我們一起沿著這條道路走下去——

## 第一步是「理解內心運作的過程」

首先就從①**暫停**「不必要的內心運作」開始吧！

心靈之所以無法正確運作，是因爲「看不見自己的內心」。我們找不到方法理解內在發生了什麼事，只能讓心靈在茫然的狀態下面對外在的世界，就這樣製造出了「心靈的髒污」。

無論是憤怒、擔憂、壓力、後悔、自卑……所有「對心靈沒有益處的想法」，都是會讓內心出現不必要運作的「心靈髒污」。

想要阻止髒污產生，就必須理解「內心到底是怎麼運作的？」——也**就是掌握內心開始無效運作的時間點**。

只要做到這一點，就能夠簡單察覺內心有哪些不必要的運作，進而察覺心靈的髒污。

一旦察覺了，就可以阻止。

古印度的著名思想家佛陀，就曾將人心比喻爲「火焰」——

一切都在燃燒，心隨所見燃燒，隨所聽燃燒，隨所聞、所嚐、所碰燃燒。
隨貪、瞋、癡點起的火焰燃燒。
隨各種煩惱所點起的火焰燃燒。

——燃燒的火焰《南傳大藏經・相應部》

佛陀說的「燃燒的火焰」，就是在比喻「受到刺激而產生反應的內心」。這些刺激來於自內外，也就是眼睛、耳朵所接收到的外在刺激，以及內心所浮現的想法（話語、影像及聲音）。

一旦對某個刺激產生反應，內心就會開始對其他刺激也開始產生反應。舉例來說，如果一開始就用憤怒回應，之後就會開始對其他事物產生不滿、開始想找藉口怪罪他人；或是不停地回顧過去，或沉溺於各種解悶的消遣。

這些全都是一開始的反應，所引發而出的後續過度反應。

內心一旦燃燒起來，就會如野火燎原般不斷尋找下個柴薪，製造新的火焰，讓心靈永遠處在燃燒的狀態下，並爲此而受苦——佛陀曾這麼說過。

## 察覺時，已身處煩惱中

接下來，我們試著將佛陀的比喻轉成「**造成痛苦的內心機制**」。①到⑤顯示了「意識」這個能量轉化的過程：

①**產生「意識」能量**——形成人的「內心」。
②**受到外在刺激**
③**產生反應**
④**轉換**——強烈的反應會引發衝動及欲求，讓人變得情緒化，刻印在記憶裡，這個過程就是「轉換」。
⑤**執著**——產生的反應持續不退，變成「持續燃燒的火焰」。

人的內心，就是經由這個機制導向「痛苦」的結果。這個痛苦不只是本人能自覺到的深刻煩惱，也包括莫名的煩悶以及不安定的精神狀態。

①到⑤的每個過程，在接下來學習「如何停止不必要的反應」時，是非常重要的關鍵，請大家一定要記得。

首先，①的「**意識**」是一切的原點，這是從內心湧現的能量，到死都不會停止。

意識能量會不斷往外流動，尋到目標後也不會滿足；就算暫時感到滿足，也不會就此停下。因爲人心會不斷被意識能量所驅動，一直處在乾渴及缺乏的狀態，佛教將這種狀態稱爲「渴愛」。

但是，如果懂得運用，這種狀況也能成爲人活下去的欲求及動力。意識也是人維持所有日常活動的能量來源，「如何有智慧地運用意識」就是貫穿本書的主旨。

當意識②「**受到刺激**」，就會在同一瞬間產生③「**反應**」。

只要沒有刺激，就不會產生反應，自然也不會生出痛苦。因此，最好盡量不要接觸那些會引發憤怒及雜念的刺激——例如網路或是各種人際關係。

不過，在永無止境的意識能量驅使下，人終究還是會追尋刺激，進而引發內心不必要的反應。想要停止意識能量的暴動，就要養成習慣，**將意識能量「用在真正有價值的事物」**。

絕大部分的人受到刺激產生反應後，會瞬間④「**轉換**」，直接到達⑤「**執著**」的內心狀態。簡單來說，反應會引發情緒，然後刻印在記憶裡（轉換），然後在人心產生執念、心結（執著）。

日常的壓力、過去不愉快的記憶、不安及憂鬱的內心狀態，都是開始於「轉換到執著」這個階段。「心靈的髒污」同樣也是產生於這個階段。

這些心靈的運作幾乎都是在瞬間完成。等到察覺的時候，人已經處在憤怒當中，已經抓著過去不放，已經滿腦子都在思考不必要的瑣事——也就是說，「已經變髒」了。

直到很久之後，我們才會實際感覺到「最近好像變焦躁了」、「心情有點鬱悶」或「感覺好痛苦」。人都是到這個階段，才開始對「煩惱」產生自覺。

借用佛陀的話，就是當自己陷入「隨著點起的火焰燃燒」的狀況，才會提醒我們「該注意自己的狀態」了……

## 讓「澄澈的心」爲人生掌舵

說實話，人們可能只知道這種「察覺時已經燃燒起來了」的生存方式。

**在此之前，人們一直讓內心處在燃燒（反應）狀態。不只是「燃燒的火焰」，感覺心裡早就大量堆積著噗噗冒煙的「煙灰」及「灰燼」了。**

你是否整頓好自己的內心了？

心情是否暢快，只思考自己眞正需要以及有價値的事，一邊往前走、一邊保持良好的心靈狀態？

「**沒有，現在的狀況還差得遠**」，我想這才是許多人眞正的心聲吧！

如果房間裡到處都是煙灰，住在裡面一定很不愉快。灰燼瀰漫的生活既不舒適，從骯髒窗戶看出去的景色也一點都不美。

人的內心也是一樣。

如果總是被不必要的事物煽動刺激，並毫無防備地做出回應，產生莫名的執著，心裡充斥著不必要的情緒及思考，那就不可能過得舒服自在。

帶著「被弄髒的心」，即使活得再長久，也沒辦法獲得任何成果、幸福及認同——是不是這樣呢？

既然如此，趁這個時候，轉換一下人生方向，如何？

從不斷燃燒的心，轉爲平靜穩定的心。

從污穢髒骯的心，轉爲澄明通透的心。

不追求不必要的刺激，受到刺激也不產生反應，產生反應也不留下執著——盡量不污染內心，讓心靈（意識）只爲眞正有價值及重要的事而牽動。

也就是說，更珍惜自己的生活，讓每一天都過得暢快又合意——將人生的方向努力轉向最美好的未來。

象徵人生已經大大轉換方向的關鍵詞，就是「**澄澈的心**」。

澄澈的心——這個詞或許不常聽到——在佛教的世界裡叫「清淨心」，自古便被視爲佛法的根本。沒有痛苦煩惱，心思澄明透澈——以那樣的心境爲目標，日夜努力修行，被稱爲「洗心」，也就是「日日是修行」（每日進行洗心的修練）。

如果一直活在混沌當中，不但會累積壓力，也只會白白浪費光陰。無論再怎麼努力也得不到好的結果，更無法得到「人生眞美好」的領悟。

回過頭看，即使曾經自問「現在這樣眞的好嗎？」，也很少得到「現在這樣就好」的回答。更多人已在不知不覺中放棄自問，就算心裡猶豫茫然，也會假裝自己沒有問題，每天被各種瑣事追逐——活在那樣的心境裡，根本完全談不上「澄明透澈」。

但是，一旦理解了「內心運作的過程」，就會知道我們平常生活中的煩惱及迷惘，其實是可以「減少」及「停止」的。

只要不去接觸刺激，不做出反應，放下不必要的執著——只要這樣，就能大大減輕內心的負擔，活得輕鬆暢快。

如果能再獲得佛陀的智慧，並且學會「正確思考」，許多過去無法找到答案的煩惱，說不定就能迎刃而解。面對「這樣好嗎？」的疑惑，或許也會產生「這樣就好，我要用我的方式活下去」的自信。

也就是說，**當心靈恢復澄澈，整個人生也會跟著變得疏朗開闊，如同萬里晴空**。

如果「澄澈的心」是全新人生的方向，那麼，引導人們走向那裡的方法，就是「打掃心靈的技術」。

只要跟著書中的步驟，一步步實踐，不只心靈會變澄澈，在面對人生各種問題時，也能靠著自己的力量（正確的內心運作）找出答案。

所有的答案，全都隱藏在佛陀的智慧裡。

接下來，就讓我們更具體地來討論吧！

## 暫停不必要的內心運作

首先就是要停止弄髒心靈、製造不必要痛苦的內心運作。

第一個步驟前面已經略微提過，就是「察覺」。關於這一點，佛陀是這麼說的。

要察覺心靈已被無謂的思慮佔據。
自我察覺吧——被污染的心，無法得到正確的理解。
長此以往，只會陷在痛苦的惡性循環裡。

——給年輕修行者的訓誡《南傳大藏經．中部》

佛陀很直接地指出——首先要察覺「內心被污染了」，因爲若是無法察覺自己的狀態，就無法得到「正確的理解」，只會自找苦吃。

「正確的理解」，是佛陀最重視的內心能力。

前面曾經提過「內心運作的過程」，也是其中一種「正確的理解」。那個理解可以提醒我們「**一開始就不要去接觸刺激**」「**不要反應**」及「**產生執著了，現在的精神狀態不好**」。

只要事先做好理解的準備，就有機會「暫停」不必要的內心運作。

## 特效藥是「貼標籤」

接下來，試著將「理解」昇華爲「方法」，第一步就是「貼標籤」（LABELING）。

所謂「貼標籤」，就是將自己現在正在做或是正準備要做的事，用言詞客觀地確認描述。

學例來說：

○走路的時候，察覺自己「現在正在走路」。

○在月台等電車時，察覺自己「現在在等電車，正站在月台上」。

○準備打開電腦工作時，確認自己「現在要開始工作」。

就像這樣，刻意從客觀的角度去理解自己的行爲。如同在標籤紙上寫下名稱，然後貼在外側一樣，從外在去確認自己的姿態。

理想狀況是「**進行前確認，進行中確認，完成後確認**」。例如「現在開始要穿衣服了」「準備伸手，手伸出去了」「要穿右邊袖子，穿好了。要穿左邊袖子，穿好了」。

在外面走路時，就是「現在要走路了」「正在走路。右，左，右——」「現在要看紅綠燈。停下腳步了，現在正站立著，現在正在等待」。

就像這樣。

自己現在正準備做什麼，又正在做什麼，已經做了什麼——對每個行爲都需要產生自覺。

## 一日五分鐘，暫停內心運作

試著連續「五分鐘」不間斷地確認「我正在——」，可以在打掃房間或準備三餐等單純的體力勞動時，嘗試這個挑戰。

如果是打掃房間，可以用「拿」「搬」或「放」等簡單的詞彙來貼標籤，重點是不能間斷，要一直保持「事實確認」的模式（內心狀態）。

眞正執行下來的感覺會非常疲累。因爲「確認事實」是非常需要注意力的，大部分的人做到一半就會分心，不知不覺地「沉默」下來。也就是說，又開始思考不必要的事了。

就算在這麼短的時間裡，人都無法保持「單純確認事實」的狀態。由此可知，人平常的心思有多麼繁雜，注意力又有多麼散漫。時刻都渾渾噩噩，完全沒有活在當下——

不夠澄澈的心境，會把人帶到過去，讓心情產生動搖、自責及沮喪，大大增加「心靈的髒污」。

因此，試著**一天挑戰幾次「認真貼標籤模式」**吧！其實，最理想的狀態是除了需要用到大腦（思考重要的事）的情況之外，隨時都在確認自己的一舉一動。

重點是，不需要將所有的確認都說出口，只要在腦海裡持續進行「現在正在做這個」「這個做完了，接著要做——」就好。

自覺——理解自己的客觀狀況——是「打掃心靈」的最高技巧。

慢慢地，就會感覺到「頭腦變淸晰了」「心靈變澄澈了」。

那種感覺，眞的很暢快。

## 煩惱的本體，僅爲三種反應

接下來，就要把「貼標籤」的動作從外在轉向內側，也就是使用在自己的「內心」。

客觀地觀察內心的運作，不但能讓情緒冷靜下來，還能讓內心有餘裕思考「接下來該怎麼做」。

首先，用下面三種反應來確認內心的狀態。

○貪（貪慾）——欲望過剩的狀態，確認「自己要的太多」。

○瞋（憤怒）——感到不快的狀態，自覺「心中充滿怒氣」。

○癡（妄想）——腦中充斥著話語、聲音及影像的狀態。理解「自己正在妄想」「剛剛產生妄想了」。

之所以提出這三種反應，有非常重要的理由。當我們將充斥在腦中的各種思緒以「反應的類型」分類時，全部都能歸納在這三種之中。再複雜難解的煩惱，歸根究柢都能追溯到這三種反應。

佛教將這些會帶來苦難的三大反應稱作「煩惱」與「三毒」。就像看起來非常複雜的八百萬像素的電視畫面，最終也是由紅藍綠三原色所組合出來的。只要缺少一種原色，電視畫面的色彩就會完全改變。如果所有的原色都消失了，畫面也就消失了。

心靈也很類似，只要逐一的消去貪、瞋、癡，我們現在所抱持的苦惱就會減少、變得簡單，最後完全消散。

冥想及打坐（如最近流行的正念療法），就是用來減少這些反應的訓練。當這三種反應從內心消失，就能獲得佛教所說的「靜寂」或「清淨心」——

**為煩惱貼標籤：**

**看起來很複雜的煩惱……**

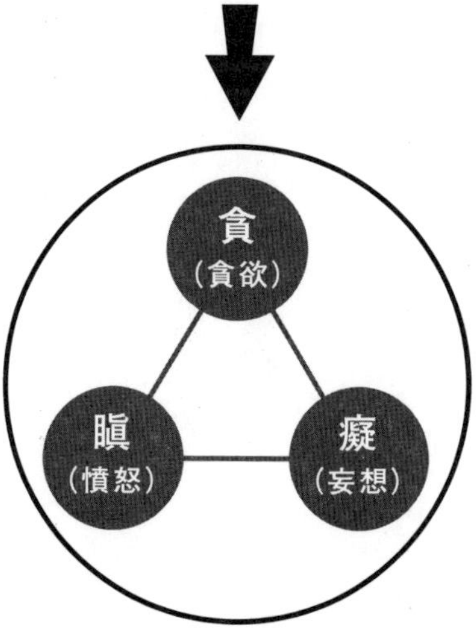


**可以分類成三種反應（煩惱）。**

也就是「澄澈的心」。

今後如果產生了煩惱，不需要「苦思」，也不需要「對抗」，只要思考如何「減少」這三種反應就好。光是如此，就能消除不少煩惱。好好整理內心，眞正需要答案的課題就會浮現出來。

減少反應的方法，就是「貼標籤」。**只要能清楚地自覺到「這是貪」「這是嗔」「這是癡」，就進入了消除反應的過程。**

這是因爲「反應」與「理解」在意識的運作上是完全相反的。

因此，只要將意識用於「理解」，用在「反應」的意識就會減少，煩惱也會跟著解消。

此外，有些人說「在貼標籤之後的反應反而更大，怒氣也變得更大了」，這是因爲他對「自己的言詞產生了反應，進而轉換出新的怒氣」。

意思是，他一開始就是以憤怒的能量來製造言詞，結果自己又被那些言詞給激怒了。

這是「**自己將怒氣化成了言詞，又對言詞產生了反應，因而激發出更**

多的怒氣」。所以，不是將怒氣化爲言詞．而是要冷靜地理解「現在心裡有怒氣」。

爲內心貼標籤，不是要增加自己的思慮，只是從外側去客觀確認「內心的狀態」而已。只要多多練習，應該就會明白這個動作的用意。

更別說，在最初的階段裡，其實根本分不清什麼是貪、什麼是瞋、什麼是癡。所以，後面就要詳述這三種反應，平常會以什麼方式製造煩惱。或許也能幫助你看清自己平常所抱持的焦躁及煩悶，其眞正的面貌是什麼。

明白貪、瞋、癡是苦難源頭的人，能得到心靈的自由。
他超越了難以度過的心靈激流，再也不會受到撥弄。

——與異教徒的對話《經集》

妄想

# 癡

百分之九十九的煩惱都來自妄想。
想讓生活煥然一新，就要捨棄妄想。

首先要討論的就是「癡」，也就是「妄想」。

在佛教的世界裡，將帶來痛苦的反應稱做「貪、瞋、癡」（三毒），依序就是「貪欲、憤怒、妄想」。這裡之所以要先討論「妄想」，是有理由的。因爲，**「妄想」是人們久久無法消除煩惱的最大原因**。只要消除了「妄想」，就能解決百分之九十九的煩惱——由此可知，「妄想」在人的心裡有多麼根深蒂固。

「妄想」，就是腦海裡充斥著各種思緒的狀態。用影像描繪，用話語思考。無論是想起過去，或是想像未來，所有閃過腦海的思緒，全都可以稱爲「妄想」。

那麼，「即使腦中想的是工作或學業，也算是『妄想』嗎？」，如果「用反應來分類」，這也算是「妄想」。

只不過，「妄想」分成無意義與有意義的。後者在佛教中被稱爲「正確的思考」，這在後面會提到——也就是「有目的的思考」。

這裡應該清除的是漫無目的、沒有意義的「妄想」。

例如：

○想起來就不愉快的記憶。
○對未來感到悲觀，因而產生害怕、緊張及不安的情緒。
○腦中充滿雜念（聲音、影像或話語等），導致無法集中。
○否定自己，覺得自己被討厭，是孤單、沒有價值的人。

人之所以無法停止這些妄想，是因爲這些妄想太過簡單——不但幾乎不需要能量，還無邊無際。無論何時何地，就算是睡著了都能妄想。

但是，就是這些妄想讓內心痛苦。

因爲，就算小得像塵埃，一旦毫無限制地累積下來，最後也會堆積成山。當內心被妄想佔據，就無法思考別的事情。有時候，其中一個妄想也會變成刺激，在內心引發別的妄想及情緒（也就是二次反應）。

舉例來說，如果想起痛苦的過去，就會再次引發當時痛苦的情緒，讓內心湧出「我失敗了」「自己好不成熟」「什麼事都做不到」的念頭，這些妄想會讓內心產生反應，讓人陷入更深的沮喪（沮喪屬於憤怒的範疇）。

卽使是妄想未來，內心也會產生反應。在處理重要的事件之前，就先想像不好的結果，會讓人變得怯懦或是自暴自棄，覺得「自己辦不到」，這些就是負面妄想所反應的結果。

你的身邊應該有「什麼事都沒發生卻一臉憂鬱的人」，或是「看起來就一臉不高興的人」吧？這些人就是對妄想產生了反應，所以展現在面相上。

還有些人總是不停地妄想過去、未來、他人及自己，讓自己被憤怒、敵意、困惑及恐懼包圍，進而封閉了自己的內心。

下一章會整理出消除這些妄想的方法，這裡就先請大家記住，如何幫妄想「貼標籤」。

「啊，我剛剛又在妄想了。」

「這應該是妄想吧？」

「的確是妄想，因爲我在現實裡做的完全是別的事。」

如此一來，就能回到確認事實的過程。

**現在自己在做什麼？**

**——在站立。在走路。在呼吸。在工作。**

**——完成！**

環顧四周，每個人都在努力地活著。知道「自己又在妄想了」，就可以安心了。

只要能自覺到自己正處在「妄想狀態」，就能瞬間從充滿負面思考及雜念的狀態中掙脫出來。

只要妄想減少了，再頑固的煩惱也可以立刻消失。

貪欲

# 貪

阻止貪得無厭的心吧，
不然就會一直處在飢渴狀態。

貪欲就是被過剩的欲求所驅使的內心狀態。
期待的太多，想要的太多。
也就是被「更多一點」「更快一點」「這也想要，那也想要」「希望那個人能更如何如何」等欲求驅使，因而感到不滿或焦慮——這樣的狀態。
當自己對什麼感到不滿，基本上就是貪欲了，也就是「想要的太多」。

有趣的是，**貪欲是由妄想所製造出來的**。

舉例來說，有些貪欲是「過往的妄想製造的」。

過去不曾體會過親情的人，那個記憶（妄想）會殘留在心裡，不斷吶喊「給我更多愛，我在這裡」。

這會讓他們給周圍的人留下「強勢」「貪得無厭」「太過急切」的印象。這些人之所以被其他人排斥，大多來自於只有他們自己才知道（但本人沒有自覺）的記憶所製造出來的貪欲。

還有些貪欲是在「追求被製造出來的妄想」，就是執著地追求物質、地位及過剩的利益等，本來就算沒有也不會困擾的東西，也就是「欲望」。

這種類型的貪欲，典型的例子就是「物欲」。

每當看到新的商品或服務，也就是看到「更方便」「更舒適」的妄想，就會不由自主地產生「想要」的反應。那個妄想會不斷地在腦海中糾纏，不得到手就無法平靜下來。

現在這個世界被稱爲「高度消費社會」，從佛教的角度來看，就是一種激起欲望以獲得利益的模式。其實我們眞的不需要「新商品」「新機種」或

「升級」，但就是想要——這就是對創造出來的妄想產生欲望。

當然，這並非完全沒有益處，因此不需要全然否定，只是要理解「這僅是對妄想所產生的反應，是不必要的貪欲」就好。

不去看，就不會想要——只要明白這點就能讓自己轉念，了解「不看，**就不會追求」「即使得到了，也只是滿足妄想而已，現實卻不會有太大改變」**。

物質從不是貪欲的最終目標。爲了追求無止無盡的貪欲，會「延燒」到其他各種妄想上面。

例如，將組織或地位納爲己有，用來滿足自己的物欲及權力欲——這是被貪欲支配的模樣。

認爲「只要得到這個身分地位（社會性標誌），就能提升自己的價值」，因此拚命追求地位、學歷等目標——這是被貪欲驅使的模樣。

太想守住「自己很優秀」這個妄想，因此將周遭所有人都視爲對手或敵人，不斷競爭、貶低、嫉妒他人——這是被貪欲吞蝕的模樣。

時刻都被貪欲驅使的人，永遠都不會感到滿足，所以會一直感到不愉快。

貪欲，會帶來憤怒。

## 貪欲是心理疾病

人類大多擁有還算不差的腦袋，因此特別熱衷於無意義的妄想。那個妄想會成爲刺激，貪婪地驅使著欲望。

但是，很明顯的，**貪欲幾乎不可能得到滿足**。

理由很簡單，因爲貪欲驅使的欲望，**「只是在追求妄想而已」**。

妄想太過簡單，而且無邊無際，所以不管得到什麼都無法停止。

一旦開始妄想，就會開始想要，進而想要得更多——人就這樣不斷地在循環裡打轉。

但是，內心又無法明白發生了什麼事，因此也無法察覺到自己正處在這種莫名其妙又沒有意義的狀況裡。

貪欲就像心理疾病，驅使人去追求不必要的東西，讓人一直處在不滿之中。貪欲所帶來的欲望及憤怒會讓人焦躁，讓人想去搶奪、傷害，利用別人。自己的欲望沒有得到滿足，又會替身旁的人造成麻煩——這就是貪欲所帶來的後果。

當心靈處在生病的狀態，人能夠維持生活到什麼程度?這不但是關乎自我生存方式及價值觀的問題，同時也是全體社會的問題。

**無法停止追求不必要的妄想，這是心理疾病。**

**如果能自我察覺，就能改變自己的心態，追求更有價值的生活方式。**

要做到這些，或許很難，但是，只要有了這種自覺，就能成爲全新人生的轉機。

求道者們！世間的疾病有兩種，一種是肉體的疾病，一種是心靈的疾病。以肉體來說，即使超過了百歲，也有人的肉體從不曾得過疾病。但是，以心靈來說，幾乎沒有人的心靈可以躲過片刻的疾病。心靈沒有髒污的人，可說是極為稀少。

——《南傳大藏經．增支部》

憤怒

# 瞋

不快的情緒不只會影響心靈，還會影響身體。
憤怒是生命中最不必要的反應，立刻停止吧！

憤怒是一種不愉快的內心狀態。

世上沒有比憤怒更讓人感到熟悉的情緒了。當人被工作及生活追著跑，就會感到焦躁。跟別人無法溝通、受到不公平的待遇、面臨不幸的遭遇、失去重要的東西……基本上，幾乎沒有人可以逃過憤怒的情緒，

大多數的人在理智上都能理解「憤怒是不好的」。但是，憤怒既然是「情緒」，自然會早於「思考」（因此就連小嬰兒也會憤怒）。

所以，就算理智上想著「不要憤怒」，心靈卻已經早一步憤怒起來了。

那麼，人是不是就無法不讓自己憤怒了？——或許有人會這麼想。

其實，是有方法的。只是，需要學會最根本的「內心運作方式」，本書

所有的內容就是答案。

首先，就是要讓自己實際感受到「**憤怒是不合理的**」。所謂的不合理，就是「對自己沒有益處．沒有價值」。

當人處在憤怒裡，精神就無法集中。或許有人會說「憤怒可以轉換成努力的動力」，但這只是錯覺。基本上，**努力應該放在「將精力集中在必要的事物之上」，憤怒只會妨礙人的集中力。**

憤怒的人可能會產生「我要戰鬥！我要努力！」的想法。

但是，那只是被憤怒激起的情緒，與集中力完全不同。憤怒永遠無法戰勝「冷靜專注的心」。

## 小心三毒＋「我慢」

另一個需要注意的是，**「想要趁機利用憤怒的內心機制」**。

當人帶著憤怒去否定一切，就會產生「自己是正確的」這種錯覺。甚至會因爲認同的欲求作祟，產生「自己的憤怒是有理由的」「這是正義」「憤怒的自己非常帥」的感覺，就像自我得到了認同一樣。

這種感覺非常好，所以人經常憤怒——批判、抱怨、生氣、口出惡言，將周遭的人捲進自己的情緒裡，鞏固「自己是正確的」這種想法。

佛教將這種「自己是正確的」「自己是有價值的」的想法稱為「我慢」。**也就是「認同的欲望」所製造出來的自以為是的妄想。**

傲慢、高傲、自尊心、虛榮心、優越感、階級意識、漫不經心、自大、獨善其身——這些全都是「我慢」。

或許有人會覺得，「對自己感到驕傲、擁有自尊」，難道不是好事嗎？

**事實是，只有在他人得到幫助、對世界產生貢獻，也就是擁有社會性的價值——對他人的價值——這樣的狀況下，才具有正面的意義。**

如果只是自我感覺「自己是正確的、優秀的」，那就只是妄想而已。

## 「妄想」與其他「心靈髒污」的關係：

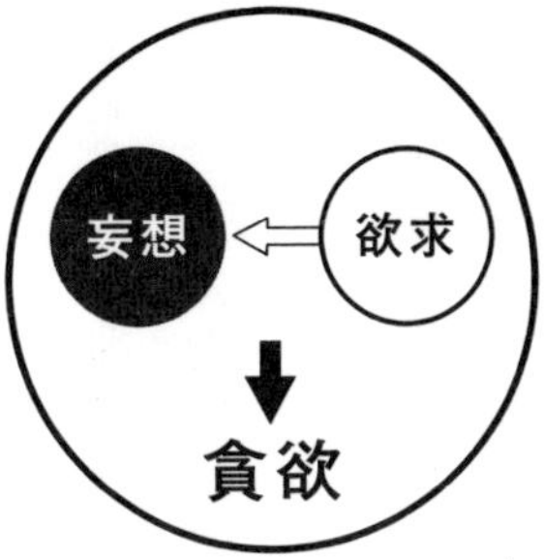


當「欲求」對「妄想」
產生反應，
就變成「貪欲」。

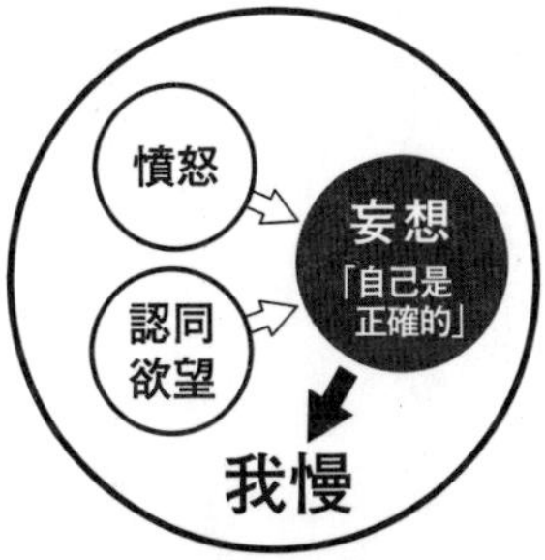


「憤怒」或是「認同欲望」
所製造的「妄想」是「我慢」。

「妄想」是
製造心靈髒污的
溫床。

## 結果需視「能否消除妄想」而定

不管在哪裡，都能看到妄想的存在。妄想眞的是根深蒂固、盤根錯節。就是因爲不停追求妄想，人才會無法滿足現狀、對他人抱著不滿、滿心焦躁。

因爲想用妄想去滿足認同欲望，才會執著於自己的價値，不斷跟他人比較、競爭，贏了就沾沾自喜，輸了就卑躬屈膝。

妄想也讓人沉溺於過去，停在原地無法前進，讓人一直被過去的不安、後悔、低落及自我厭惡折磨。

因爲一直活在妄想裡，所以時刻都渾渾噩噩，完全沒有活著的眞實感——可以說，**妄想是污染心靈最大的元兇**。

如果妄想消失了，人的心境會變得如何？

嗯？我缺了什麼嗎？——沒有。

嗯？我有理由否定自己嗎？——沒有。

嗯？我有必要焦躁嗎？——只要盡最大的力量，做好現在能做的事就好。

嗯？對方有什麼地方讓我感到憤怒？——試著理解對方，思考彼此的關係。

最後，就會變成如此單純的心境：人生，**本來就不必追求那麼多事物，也真的不需要憤怒的情緒。**

**不需要想得太多，也不用過得那麼辛苦，可以活得更有智慧——那才是真實的人生。**

由此可知，「打掃心靈」——也就是洗滌心靈髒污（苦惱）——的第一步就是「消除妄想」，同時捨棄妄想所帶來的貪欲及憤怒。

在慢慢洗掉貪欲、憤怒、妄想的過程裡，全新的內心運作方式會開始進駐——也就是不反應，努力理解，再加上有目的的思考。

伴隨著這些改變，所有讓心靈蒙塵的煩惱會被梳理乾淨，逐一得到解決。也會讓人深刻感受到，**「過去的煩惱之所以無法順利解決，是因為內心不夠澄澈，也不明白內心運作方式」**的緣故。

# 內觀，會讓心靈更強大

這裡要和大家說一個故事，讓各位理解「確認內心的運作」有多麼重要。

有一位五十多歲的女士，因爲父母的過度干涉及言語暴力，從小就深受傷害。她努力讀書，進了國立大學的醫學院，最後成爲醫師，卻因爲並未達到父母的期望，完全沒有獲得他們的認同。

長大成人之後，長期累積的憤怒及報復心，讓她總是以滿身是刺的姿態面對他人，也因此找不到可以信任的朋友，一直活在孤獨之中。

她曾經自怨自艾，覺得「活得好累，爲什麼我的身邊全都是敵人」。

她的身邊之所以有那麼多的敵人，跟身邊的環境也有關係。大多數的醫師都擁有極高的自尊心，她又是女性，還總是以「戰鬥模式」示人，自然容易招來「敵人」。

我請那位女士「重新回溯內心的履歷」。

內心的履歷——就是盡可能地回到過去，重新解讀①客觀的事實，與②當時的反應。

**重新回溯內心的履歷**

以製作「個人年表」的方式，從出生那年開始，回溯到現在所發生的事。一開始，可以想到什麼就寫什麼，只是簡單幾個概要也沒關係。

①將年齡條列出來，依序寫下腦中直接浮現的重要事項，例如「——歲，就讀——學校」等。

②針對記得的事項逐一寫下客觀的事實，例如「去了哪裡」「發生了什麼事」等。

③回想自己當時的反應。什麼感覺？在想什麼？希望別人為自己做什麼？……等。

④一旦回憶到某個程度，就為自己當時的反應「貼標籤」。

重點是寫的時候，要將**「客觀的事實」與「反應」做出區分**。雖然過去的經歷常常伴隨著情緒，但是仍要努力「先寫出事實，再寫下反應」。

「貼標籤」時可以用簡單的名詞，像是「生氣」「傷心」「想被了解」「曾經抱著期望」或是「責怪自己」等等。

「貼標籤」的目的，不是要找出（解釋）過去的意義，而是為了**「理解自己當時的反應，讓內心不再為此動搖」**。因此在「貼標籤」時，要避開會刺激情緒的詞彙——像是「屈辱」「慘烈」「絕望」「憎恨」等——盡量使用簡單的名詞即可。

說得極端一點，只用「貪欲」「憤怒」「妄想」這三個詞也夠了。

但是，為了達到「理解之後停止」的目的，最好選擇「可以客觀理解」的名詞。

如果中途覺得痛苦，可以先停下來，寫得斷斷續續也沒關係。寫完之後，**一定要加上「～～就是這樣，那時產生反應了」這句話。**

**「就是這樣」**這句話，可以幫助人們客觀地看待自己的反應。利用這種方式來確認：「就是這樣，我要得太多了」「就是這樣，我生氣了」「就是這樣，我產生妄想了」。

一旦少了這句話，就無法中斷反應模式（內心產生反應的狀態）。只要加上「就是這樣」，就能將狀態轉換成「現在暫時可以理解」。

此外，對於過去抱著痛苦回憶的人，經常有「一想起來就難以平靜」「情緒變得低落」的傾向。這是再自然不過的反應，即使假裝忘記，過去的記憶仍然會在內心深處不斷地產生反應。

如果不做出改變，就永遠無法擺脫那些痛苦。

重新回溯內心的履歷，就是讓自己從客觀的角度，去理解不斷在內心深處持續產生的反應，然後幫助自己從那些反應中解放的過程。

**只要能有「當時出現反應，但現在不一樣了」「最近越來越想不起來了」「不再有反應了」的想法，就等於從某段過去畢業了。**

「理解」過去，是一件異常艱難的事。那位女士也確實過得很辛苦，所以我和她解說了回顧內心履歷的意義，並且鼓勵她努力完成這個過程。

隔了一陣子，我再度接到了她的消息——

她的身邊出現了一位喜歡找麻煩的年邁男醫師，前陣子，他們剛好在某處相遇，對方又開始挑她工作的毛病。

如果是過去的她，不是會被激怒，就是直接無視對方。但是，這次她雖然也察覺到「自己感到不快」的情緒，卻能反過來靠近那位醫師說道：「如果有需要改善的地方，我想聽聽您的意見。」

這次反倒換成對方不知所措，只能慌張地回答：「那個，也不是什麼特別的問題，硬要說的話，可能這樣會比較好……」

她終於可以放下「戰鬥模式」，心平氣和，與對方相處。

雖然她曾經抱怨過「回想過去實在太痛苦，所以遲遲沒有進展」，但實際上，她已經往前走了好一大步了。

回溯內心的履歷，並且努力地加以理解，可以讓內心的狀態從「反應模式」轉爲「理解模式」，進而產生戲劇性的改變。

## 「能隨時暫停內心的運作」，才是眞正的自由

看到這裡應該就能理解——人之所以無法隨心所欲，是因爲「心靈不夠澄澈」。

所有心靈的髒污，全都可以追遡到貪欲、憤怒、妄想這三種反應。讓內心運作的是「意識」這個能量。如果能將這股能量用在「理解」，而不是「反應」，就能暫停內心的運作，減少心靈的髒污。

訓練「理解」這個內心運作（意識）的方法，就是「貼標籤」——也就是藉由言詞來做確認。

或許，有人會想，「如果內心的運作暫停了，不就什麼都做不了了嗎？」但是，這裡所要停止的是「『不必要』的內心運作」。在需要反應、而且也知道該如何反應的時候，當然要盡全力做出反應才對。

問題是，絕大多數的人都沒有能力、也不知道該如何停止不必要的內心運作，所以無法阻止內心往困擾的方向流去；只能懷抱著髒污的心靈，及各式各樣的煩惱。

如果可以擁有讓內心暫時停止運作的能力，人生就完全自由了。該前進的時候勇往直前，該停下的時候斷然止步，一旦達到這種心境，每一天都會是幸福快樂的日子。

當內心停止運作，就像水中的髒污會沉澱，內心也會慢慢變得澄澈。貪欲停止了，乾渴的心，就會像被清水撫過般逐漸痊癒；憤怒停止了，心情也會變得溫柔平靜。

不過，如果妄想還殘留著，就會因爲想到「對了，那個還沒到手」而讓貪欲死灰復燃，或是記起「過去曾經發生過這些事」，而重新喚起痛苦的記憶。只要妄想停止了，這些反應就會全部消失。

澄澈的心是非常舒服的——讓人心情暢快，充滿專注，擁有確實活著的感覺。

過去之所以一直無法使出全力，是因爲無法停止不必要的內心運作。

想要在未來凡事隨心所欲的人，就努力培養理解的能力，讓自己能自由地停止內心運作吧！

內心停止運作之後該怎麼辦？

沒錯，就要進入「消除」的階段，讓內心變得更加澄澈。

接著，一起向前走吧！

將水汲出心靈這條小舟。這麼一來，心舟就能輕盈地前進。
只要剔除掉貪欲、憤怒及妄想，心就能奔赴自由的境地。

——給求道者們《法句經》

Chapter / 02

# 削除

/ SHAPE /

每日的反應會像灰塵般不斷累積。
只要有智慧地去除心靈髒污，
就能拿回原有的力量。

# 一起來「洗滌心靈」（MENTAL CLEANING）吧！

每天生活中所堆積的「心靈髒污」，越早清除乾淨越好。

更直接的說，「只要一產生不必要的反應，最好立刻當場捨棄」——若是能這麼果斷更好。

說實在的，人眞的抱著太多根本不需要的念頭了。

就像雕刻家用銳利的刀削除木材多餘的部分，心靈的髒污也需要「削除」。

這一章擁有極爲重要的意義，因爲本章將會爲大家解開冥想、坐禪、正念（Mindfulness）等，自古用來「淨化心靈」的方法，其中最根本的奧祕。

## 知道「本心」嗎？

首先，來了解什麼是「本心」。

請坐在椅子上，兩手放膝蓋，閉上眼睛。

然後，注視著眼前的黑暗，身體不要動，只用眼睛（眼球）觀看上下左右四周。

接著，仍然閉著眼睛，仔細感受周遭的動靜，應該能感受到身旁其他人的氣息、冷氣機或時鐘的聲音等……各種東西「存在」的跡象。

**繼續閉著眼睛**，將視線投向放在膝上的雙手。即使眼前一片黑暗，還是能夠「感覺到手的存在」吧？請像平常注視著物體那樣，仔細地（閉著眼睛）感受手的存在。

然後，用**意識**「把手舉起來」，但雙手仍然放在膝上。雙手保持原狀，只在**意識**裡想著「讓手動起來」。

好——到目前爲止，一直在運作的是什麼？

是「意識」。

「注視著黑暗」「感覺外在的動靜」「感受手的存在」「用『意識』把手舉起來」——以上是只有「意識」在運作的狀態。

即使閉上雙眼，仍能在黑暗中感受到的存在，在「我」的核心最深處活動的東西。**隨時都在反應著、思考著什麼——這股能量就是「意識」**。這在本書一開始時就提到過。

這個「意識」，是製造日常反應的「根本」（能量來源）。受到外在的刺激之後，出現「感覺」，產生「欲求」，發生「思考」。

若這些反應對自己來說是有價值的，那就沒有問題。但是，大部分的人都不知道如何使用自己的意識，因此出現不必要的反應。

這就是造成「三毒」的原因，也就是貪欲、憤怒及妄想的誕生。如果這當中的兩個，也就是過剩的認同欲及妄想相互結合，就會製造出「我慢」——自己是正確的、比別人有價值的錯覺。

我們平常的壓力，以及因爲人際關係所產生的煩惱，幾乎可以說全都與這些感覺及反應有關。

爲了避開這些反應，就要理解內心的運作——首先要學會「用言語確認，暫停不必要的內心運作」。

如果已經產生反應了，要怎麼辦呢？內心澎湃的情緒、被刻劃入心的記憶，又要怎麼清洗乾淨？

佛陀告訴我們，唯有一個方法，那就是「理解」。

**將意識這股能量，更深入地用在「理解」這件事情——**

那就是佛陀所要傳達的訊息。

除了「用言語確認」，還要更仔細、更深入地「理解其存在」——只要能做到這一點，心靈就會變得更澄澈，連日常所看慣的風景，都有可能從根本發生改變。

以下就是更詳細的解說。

## 用「最強的洗淨力」讓人生煥然一新！

這裡要先明確定出「理解」在佛教裡的意義。

所謂的「理解」，就是知道「存在的事物」是「存在」的。

**單純知道「有就是有，無就是無」這個事實。**

**不反應，不解釋（不思考），只是「知道」**（knowing as it is）——

這種內心的運作方式就是「理解」，這是已經確定的意義。

就像前面的「感覺周圍的動靜」，就只是單純地「知道周圍的存在」，而沒有做出反應。閉上眼睛「感受手的存在」，也同樣是屬於理解的狀態。

當眼前放著水果，只要「知道水果的存在」，知道「自己看得見」就好。

除此之外，不需要產生更多如「是什麼水果？」「這些水果是什麼味道？」「看起來好好吃」的反應。

「理解」就是「停留在知道的階段」。

這種意識的運作方式，佛陀稱之為「正念」（awareness, mindfulness）。

為了讓心靈清淨，超越憂愁與悲傷，滅除痛苦與憂惱，並達到自由的心境，唯一的道路就是：正念（察覺）。

——關於正念《南傳大藏經．長部》

道理非常簡單，但是想要眞正體會到「正念」這兩個字的意義，要看今後能否確實地予以實踐。隨著平日的內心狀態，以及「正念」的強弱及活用方式，會讓人對「什麼是正念」的領悟，產生無止境的變化。

「正念」擁有多麼強大的力量，已毋需贅言。

當我們將「正念」——也就是「理解」這樣的內心運作方式——貫徹到極致，會發生什麼事？

所有內心的髒污，都會被掃除一空。

古人稱之爲「頓悟」，也就是「醍醐灌頂、豁然開朗，所有的苦痛和煩惱全都消失的心境」。

「正念」能貫徹到什麼程度，每個人都不一樣（基本上，貫徹「正念」是非常不容易的事）。

不過，可以確定的是，**想要克服現實的問題及內心的煩惱，就不能缺少「理解的能力」**。

只是陷入自我的煩惱，完全於事無補，因爲不管是苦思、掙扎或抗爭，全都屬於「反應」。那些反應會製造出平日的憤怒、沉重的過去及未來的不安，連自己的個性都成爲「習慣性反應」。

如果不能控制這些反應，原本舊的痛苦都還沒解決，新的煩惱就又會被製造出來。處在這種被污染的心境下，再怎麼苦思冥想都無法超脫，也不可能找到解決的方法。

這時，就必須改變思考的角度，明白「**如果不具備理解力，一切都無法開始**」。

想要培養出理解力，就要努力實踐「正念」。

## 「反應的心」與「理解的心」的不同：

### 反應的心

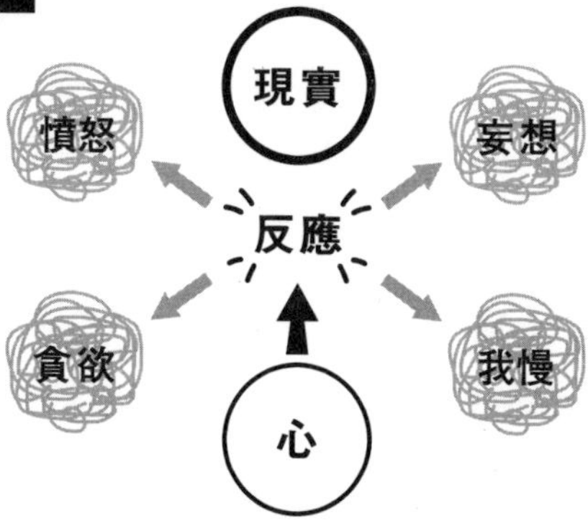


**反應的心會生出心靈的髒污。**

---

### 理解的心

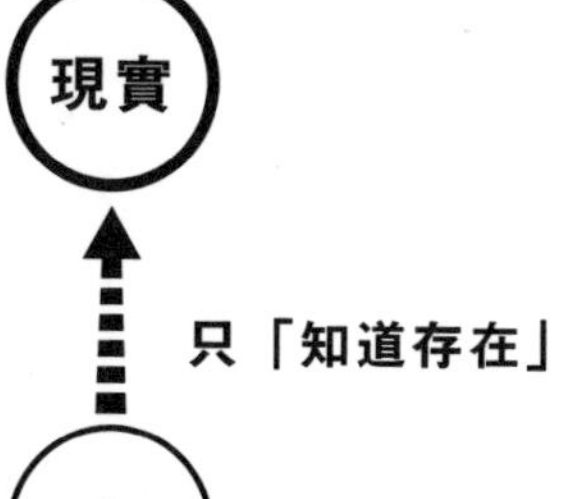


**理解的心會保持澄澈。**

# 用「正念」磨練心志，讓心靈初顯澄明

當我們開始實踐「正念」，內心就會變得更能理解（看得更透澈），反應會隨之停下，最後消失。

觀察複雜的內心運作，仔細確認每個反應並「理解其存在」，然後進行「正念」，停下反應，最後讓「反應消失」。

能夠最快地體驗這個過程的方法，就是冥想，也就是坐禪。

那麼，下面就來整理所有可以鍛鍊「正念」的練習方法吧。

**雙手正念**

・閉上眼睛，將視線投向手心——理解「手存在的感覺」。
・用力握手，再立刻張開——閉著眼睛注視雙手，理解「手握住的感覺」「手張開的感覺」。
・將手舉起．放下——閉著眼睛，看著「手舉高到肩膀位置」，然後「放下」，理解每一個動作的感覺。

**呼吸正念**

・基本上以坐姿（冥想或坐禪）為主，但什麼姿勢都可以，躺著也沒問題。
・閉上眼睛，將視線（意識）投向「鼻尖（鼻孔）」或是「腹部的起伏」，理解「吸氣的感覺」「吐氣的感覺」等「存在這裡」的感覺。
・如果缺乏集中力，可以收緊腹部，加快呼吸。如果是心情無法平靜，就要緩慢地深呼吸。

過程中可以善用「貼標籤」，避免自己被反應影響。

- 深深吸氣到腹部鼓起，確認「正在吸氣」；慢慢吐氣到腹部變平，確認「正在吐氣」。也可以簡單地「吸，吐」。
- 如果要加快速度，可以用「吸、吸、吸」「吐、吐、吐」來確認。也可以在剛吸氣時數「一」，吸到底時數「五」（或十）來做確認。
- 吸氣時數「一」，吐氣時數「二」，可以持續到十、百、千，決定好最終數字後再來進行。

## 站立正念

- 站直身體，閉上眼睛，將視線（意識）投向全身——從頭到腳底，一寸寸地確認「存在這裡」的感覺。
- 仔細深入觀察「身體晃動的感覺」。
- 將視線投向腳底——理解「腳底存在這裡的感覺」。

・原地踏步——觀察腳底「重量」變化的樣子，仔細體會「變輕了」「變重了」的感覺。

**步行正念**

・一邊走路，一邊將意識投向腳底——之所以選「腳底」，是因為意識集中對淨化心靈更有效果。
・可以閉上眼睛，也可以微微睜開。
・一邊為動作貼標籤：「腳抬起來了」「腳往前了」「腳放下了」（踩到地面了），一邊觀察腳底變化的感覺。
・貼標籤的方式可以有所變化。
第一階段——「正在走路」「正在走路」。
第二階段——「右、左」「右、左」。
第三階段——「腳抬起來了」「腳往前了」「腳放下了」。
・還有稍微複雜的「七階段正念」——準備抬腳、離地、向前、準備放下、著地、準備轉換（重心）、穩定（重心）。

步行正念的速度及頻率可以有多種變化。如果雜念實在很多，可以加快走路的速度，或是使用「七階段正念」。

使用「七階段正念」時，一完成最後的「穩定（重心）」，要立刻接著下一步的「準備抬腳」。重點是連續不中斷，才不會給妄想留下可趁之機。

另外還有非常慢速的步行正念。東南亞的佛教國家有一種冥想法是「內觀」，每個動作都非常緩慢，向前一步至少要花上十秒。這是藉由觀察平常不會注意的感覺及動作，來提高注意力。

## 「雙重實踐」對心靈更有效！

「正念」的實踐，可以依個人習慣，安排在「出門及回家的路上」「休息時間」或「睡前三十分鐘」等時段來進行。

「在固定的時間裡，持續且不中斷地實踐『正念』」，這件事是有意義的。

因爲，內心的狀態要從「反應模式」切換到「理解模式」，需要一定的時間。

如果是「坐著就想睡覺」的人，可以選擇「活動身體的正念」。走動時，就進行「步行正念」；在月台等車時，就腳踏大地進行「站立正念」；健身時，就把意識集中到「肌肉」。

最近，絕大多數的人都把「空餘的時間貢獻給手機」，一旦養成習慣，內心就會不斷隨著反應起舞，變成「容易堆積髒污的心」。

**想讓心靈保持在澄澈又靈動的狀態，就需要一日幾次刻意地切斷反應，進行「意識能夠集中到何種程度」的挑戰。**

「貼標籤」與「正念」都是培養「理解能力」的方法。

「貼標籤」，是概括性地從客觀角度確認內心及身體活動的方法。

「正念」，則是更加深入細微地察知每個瞬間「存在」的方法。

這兩件事就像讓車子往前行走的兩個車輪，同時轉動（實踐），鍛鍊我

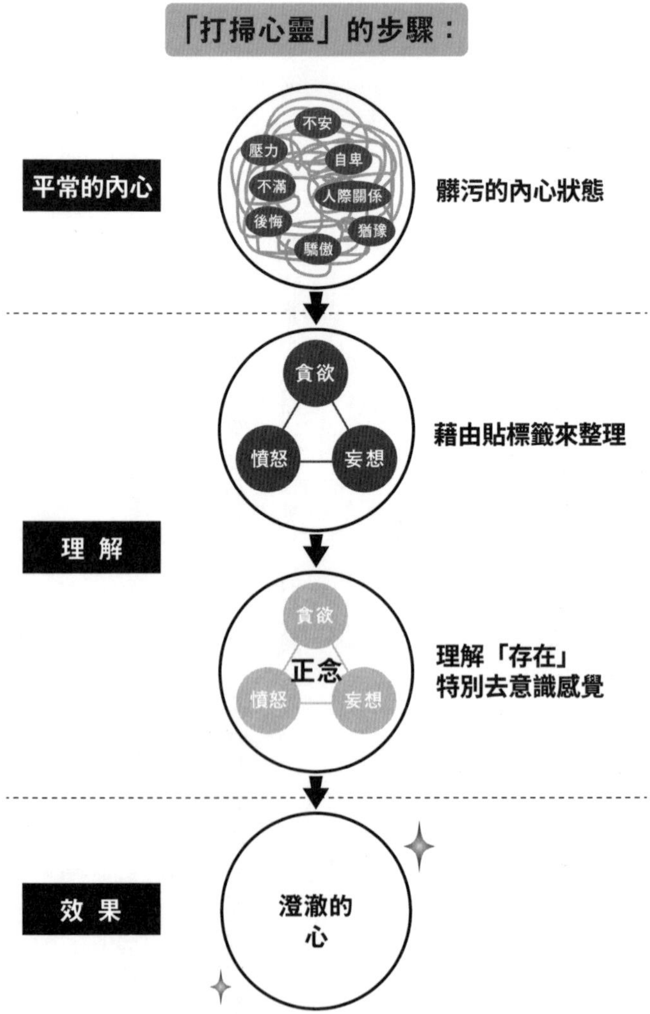
「打掃心靈」的步驟：
平常的內心
不安
壓力
自卑
不滿
人際關係
後悔
猶豫
驕傲
髒污的內心狀態
貪欲
憤怒
妄想
藉由貼標籤來整理
理 解
貪欲
正念
憤怒
妄想
理解「存在」
特別去意識感覺
效 果
澄澈的
心

們的「理解能力」。如此一來，不必要的反應就會停止，心靈的髒污也會慢慢消失，逐漸恢復澄明透澈的狀態。

當然，心靈或許不會立刻發生改變，畢竟大部分的人，生來就處在「反應模式全開」的狀態。所以，在剛開始的時候，很可能會因爲不夠順利而陷入自我厭惡及焦躁的情緒。

但是，那是所有人都必須經歷的過程，如果因此斷定自己「好糟糕」「不可能」，也只是回到過去自己的狀態而已。

**真正的目的，應該是「超越現在的自己」。**

# 做還是不做？
## ——當然只能做！

一旦開始實踐「正念」，那個人就會逐漸看清自己所抱持的「人生課題」，這是「正念」很有趣（也是值得嘗試）的地方。

舉例來說，覺得「正念做起來很困難」的人，通常都擁有「強烈的執著」。這裡所說的「執著」，大多與本人的願望或想法無關，而是一種「一直持續的內心狀態」。

①想太多（認死理）的人，和②心裡沒有放下過去或某人（在內心角落不斷回想）的人，基本上都停滯在相同的精神狀態，是「執著很強烈」的人。

想要解開這樣的執著，就需要以「正念」來「改變內心的狀態」。

接著，就來介紹能幫助大家解決想太多的毛病，以及消除所有心結的訣竅吧！

## 想太多的人「靠身體放鬆」

想太多的人，常常將意識用在「思考」上面。

當然，人需要思考，但是如果「一直在思考」，就會變得不通人情，也很難適應新的環境及人際關係，讓自己過得很辛苦。說眞的，或許連當事人自己都「厭煩了」也說不定。

遇到這種問題，可以用「正念」引導自己的感覺，給自己時間來改變被思考捆綁的內心狀態。只不過，每到這種時候，想太多的人的特徵就出現了：他們「不知道感覺是什麼」。

「就算在走路，也不清楚腳底的感覺是什麼，好像只是腦子在想著『抬腳、向前』而已。」

因爲，他們仍然一直執著於「思考」（精神狀態沒有改變）。

這種時候，就需要挑戰「活動身體的正念」，像是運動、健身，甚至是有氧舞蹈都可以。**盡全力地活動身體所有可以活動的地方，讓自己完全沒有精力思考，藉此脫離想太多的狀態。**

有一個說法是，瑜伽及發源於中國的武術，最初都是由佛陀所創始的，是爲了修練「正念」而衍生出來的方法。

只要記得「正念」的本質，我們就能以各種形式去努力。

## 想捨棄過去的人「乾脆直接認了」

下一個要消除心結的，就是無法捨棄過去的人。這群人會在內心角落一直想著過去的事或人。

這樣的他們，要怎麼做才能獲得自由？

不可思議的是，**內心抱著某些心結的人，只要一進行「靜坐正念」，**

**立刻就會昏昏欲睡。**

這種情況幾乎屢試不爽。

當事人大多認爲是自己「集中力太差」，但是，**最根本的理由還是「不想去理解」**。

因爲有著過去，因爲想著某個人，因爲心裡還留著心結……這樣的過往，實在太讓人痛苦，但是又不想否定對方……或許，其實錯的是自己呢——他們的心裡總是百轉千迴。

爲了從這些混亂裡逃開，內心就會發出「睡吧」的命令。

面對無法捨棄的過去，是一件很痛苦的事。但是，如果不從這些「連鎖反應」裡掙脫出來，那些心結永遠不會消失。

況且，如果一直保持這樣的狀態，人的意識就會不斷地去逃避某些反應——比如消除不愉快的情緒，或是打破現狀的決心等——導致心靈無法全力運作。最終的結果，就是所做的每一件事都很不協調，彷彿偏離了方向，連自己都「不知道自己在做什麼」。

不管心裡殘留著什麼樣的心結，想要解決這種困境，唯一的方法就是「理解心結的存在」。

目標，就是承認：「**原來自己的心裡還沒有放下**」。

說到底，「執著」只是「反應」所留下來的殘渣——是一種心理狀態，物理上並不存在，所以應該是可以立刻消除的。

無論是「過去」或是「某個人」，都只是留在腦中的妄想。內心之所以會產生疼痛，也只是妄想所引發的反應。

包括「原本希望可以這樣」的期望及願望，也都是妄想。

**殘留在內心的所有心結，最終不過是妄想。也就是說，自己所執著的只是妄想（無法捨棄妄想的精神狀態）。一旦對此有所理解，接下來，只要改變內心的狀態就好。**

所以，只要掃除掉妄想的狀態，心靈就能煥然一新。情緒會產生改變，新的人生也會開始。

「自由的心」與「不自由的心」：

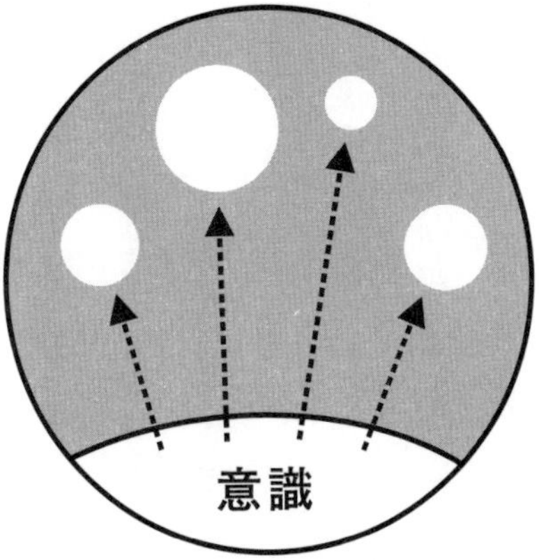


心本來應該是「自由自在」。

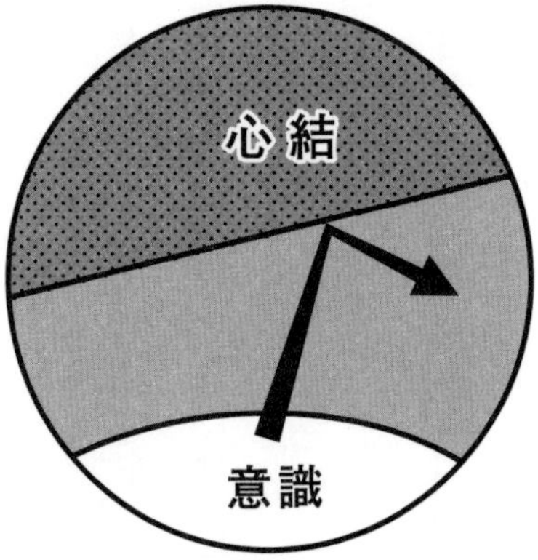


因為逃避讓意識受到限制。

閉上眼睛，去理解「感覺的存在」。

當心情沉靜下來，就會感覺到所有的「過去」「那個人」，還有被封印的種種情緒，都開始浮現在眼前。

即便如此，**還是要努力告訴自己「還在產生反應」「原來還留著這些情緒」「但是，這些全都只是妄想」「只是一種叫做執著的內心狀態」**，無論多少次。

當自己不再爲造成心結的「某個原因」產生反應時，那就是「畢業了」。

過去是過去，別人是別人，我是我，現在是現在——這些讓人耳熟能詳的話，其本意就是「不再反應」。

一切都還來得及。

就讓我們以全新的心靈爲目標，努力去「正念」（理解）吧！

## 只是「擦拭一下桌子」

日本所流傳的「禪學」，是將佛陀創始的「正念」延伸到日常生活，擴展成「藉由每日的例行作業來打掃心靈」的形式。

舉例來說，洗米的時候，就閉上眼睛去「注視」水的冰冷，感受米粒的感觸。將所有的意識集中在感覺上，不摻雜任何妄想。

> 煮粥做飯時，要如同觀盡自己內心所有角落那樣，盡心盡力去做，自然就會成就出最好的飯食。
>
> ——《禪苑清規》　道元禪師（日本曹洞宗始祖）《典座教訓》

這麼一來，在清洗白米的同時，連心靈也一起清洗了。

吃飯的時候，也要專心致志地——將「正念」發揮到最大程度——吃。

先貼上標籤：「現在開始要吃了」（我要開動了），然後閉上眼睛，感覺手的存在。再用意識告訴自己：「開始動作」，然後舉起拿著筷子或湯匙的手，再舉起另一隻拿著碗的手，將食物送到嘴邊。

所有的動作，都要一個一個仔細觀察（可以的話，最好閉上眼睛，只去感受感覺）。

入口食物的觸感、味道及溫度，同樣也要閉著眼睛去感覺——如果能加上「好吃」「好感恩」的感想更好。

等到食物吞下，味道消失了，就將意識轉到下一口的食物——

這在普通的生活中，是非常困難的修行（可能還會被認爲是怪人）。

但是，至少要給自己留下「好好品嚐」（以「正念」去食用）的時間。捨去妄想，只專心在「吃」的動作上。

只要能做到這樣，就能大大淨化心靈。

即使是單純地擦拭桌子，也能「打掃心靈」。

將手放在桌子上，閉上眼睛，仔細感覺手的存在。眼前是一片黑暗，只有手的感覺，不存在任何妄想——保持這種狀態，「擦拭一下桌子」。

如果這當中沒有冒出妄想，心靈就是處在澄澈的狀態，也就是「妄想被拭去了」。

我們日常大多數的作業都是「肉體勞動」，連打電腦都需要使用雙手。所以，在進行每一項作業之前，可以試著閉上眼睛，看看是否能單純感覺到黑暗及手指的存在。

「感覺其存在」，之後「進入思考模式」，要清楚地分開自己的意識。對心靈（意識）被用在何處，要有清楚的自覺。只需如此，就能獲得明晰透澈（犀利澄明）的心。

## 心靈生來便是澄澈的

人自從懂事以來，就不斷地在思考。

**用「感覺」讓心靈變澄澈：**

**當意識被用於「反應」就會變髒污。**

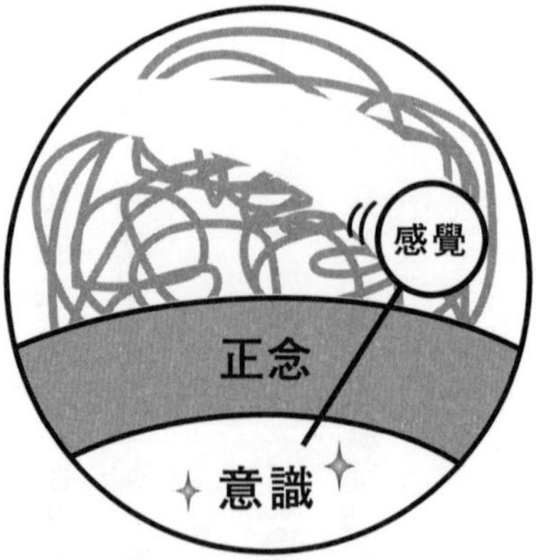


**將意識用於「感覺」，拭去髒污。**

悲傷的事，憤怒的事，不安的事，寂寞的事。偶爾還會煩惱「爲什麼自己的人生是這樣」「自己到底是爲什麼而活」。

世界上有多少人，就存在著多少活著的意義。我認爲，光只是「試著活下去」，就已經是非常有意義的事了。

**但是，只有一個人生目標是完全正確，而且絕對不會出錯的。**

**那就是，「克服內心的痛苦」。**

或許有人會說，「就是因爲克服不了才痛苦啊」。但是，這可能只是因爲「不知道方法」而已。

克服痛苦是需要方法的，只不過，單單靠著環境及人生時間都受到極大限制的個人，很難找到正確的方法。

正因爲如此，才更要找到那個方法，認知到「自己只是還不知道而已，但一定有解決的方式」。

現在，眼前所看到的這個積累了兩千五百多年智慧的「佛陀的教導」，就是最強力的證明。

以「沒有痛苦的心」爲目標，努力實踐，已經剛硬的內心一定會再次柔軟下來。內心的陰霾會消失，髒污會被洗淨，原本如同死水的心靈，也會再次輕快地流動起來。

心的原點是「意識」能量——這已經是共識。當「意識」受到刺激，進而引發了「反應」，就會造成痛苦。

也就是說，在「反應」出現之前的「意識」，是不存在痛苦的。

那裡只有「**反應未受觸發、痛苦尚未誕生的純粹能量**」，也就是「**澄澈的心**」。

世上沒有比擁有澄澈的心更讓人感到暢快及舒服的事了。當中快要滿溢出來的「意識」能量，可以隨心所欲地讓人運用。眼前所有的一切都是全新的，心境也能完全自由自在。

這樣的心境，在日本的佛教當中被稱做「心中有佛」或「眾生皆佛」——也就是所有的人都有「佛性」。

「佛」，是沒有痛苦的心境；「佛性」，則意味著到達那個心境的「可能性」。當所有的人都擁有內心（意識），就代表所有人都擁有到達那個心境的可能性。

到達那個心境的捷徑——方法——就是佛陀的教導。

本書將佛陀的教導稱作「Buddhism」（佛法）。

Buddha 是「智慧修行圓滿者」，也就是「擁有最高理解能力之人」，ism 則代表「生活方式及思想」。

所以，**「Buddhism」（佛法）就是「藉由理解能力克服痛苦的方法」**。

想要眞正活用「佛法」，不是去增加知識或道理，也不是依靠「信仰」，而是**鍛鍊自己的理解能力，改變內心的狀態，讓痛苦從有化無，轉為澄澈的內心狀態**。

這只能透過自己親自實踐，才能體會到效果。

體驗過的人，眼前的景色都會變得完全不同，進而驚嘆：「原來世界是這麼美麗！」

親身去實踐吧！智慧修行圓滿者（佛陀）所教導的只是方法。只有靠著實踐，培育自己的心，才能確實地從執著的心魔超脫出來。

——《南傳大藏經．小部》

## 「我的人生，不會在這裡結束」

如果不小心沉溺於妄想，就會停滯在痛苦的自我世界裡，世上有非常多人都陷在這種「負面的連鎖反應」。但是，靠著「正念」的力量，就有可能斬斷這個連鎖反應。

每年夏天，我都會去日本各地遊歷。下面，是我在某個夏天遇見某人，所發生的故事。

那位女性大約五十歲出頭，她在任性又傲慢的父母撫養下長大，生活如履薄冰，從小就經常遭到莫名辱罵及毆打。父母的感情非常惡劣，家中時刻充滿咒罵聲及暴力。

處在這樣的環境裡，內心也會形成固定的反應。她的父母總是不高興，然後冷酷地拿她出氣。**還是孩子的她一直不知道「為什麼」，最後只能歸咎為「一定是自己的錯」**。

這也變成了她內心的慣性反應，一旦遇到不高興或個性惡劣的人，首先就會覺得「是我的錯」。

這種慣性反應，會吸引更多自私任性的人來到她身邊——說得更正確一點，對方的反應會因爲她的內心反應而改變。**當人遇到一個總是「把錯歸到自己身上」的人時，就會出現「對這個人更得寸進尺也沒關係」的念頭**。

結果，這位女性的身邊就聚滿了自私任性又傲慢的人。

不只是公司的同事常常對她頤指氣使，連她的丈夫，最近甚至連女兒都開始瞧不起她。

看到父親總是貶低母親，女兒也跟著有樣學樣。

身爲母親的她，也認爲「全都是自己的錯」，所以無法從這種扭曲的關係裡掙脫出來。

從客觀的角度看，這位女性十分正常，完全沒有需要自謙之處。但是，她在和我說話時，說了非常多次「我眞是糟糕」。

所以，我跟她說了下面這段話——

○不要說「我真是糟糕」。
○如果不小心說了，要自我察覺到：「這是內心的慣性反應」。
○把這句話換成：「我，肯定我自己」。
○將「千步禪」當成每日的功課。

「千步禪」是「一階段步行正念」的延伸版，也就是走路時從「一」開始數起，一直數到「千」。

人的內心很容易被妄想影響，只要稍微鬆懈，就會忘記走路時的腳步。

「咦？剛才數到幾步了？」這個時候，就要從「一」再開始從頭數起。

這個練習，在對於消除壓力及雜念而言，非常有效。

過程中卽使冒出妄想，也不需要在意。一旦停了下來，就會回到沉溺於妄想的自己。妄想出現，就讓它出現，總之，就是不斷地往前走，增加自己感受意識的時間。

夏天過後，那位女士寫電子郵件來報告近況。

她說：「因爲知道自己有慣於自我否定的問題，所以現在對於在公司應對方面，已經不太會被人利用了。」

不過，她還是會說出以下的句子如「一直爲這種小事煩惱，我眞的很煩人吧」「我果然還是很糟糕」。

這是因爲她的心裡「想讓這樣的自己被認同的願望」一直沒有被實現，

所以才會藉由貶低自己，來得到別人「沒有這種事」的安慰。

但是，佛法只會傳達「正確的理解」。佛法不會說討好人的話，而是以理解爲出發點。

所以，我只對她說：「請小心，你又陷入自我否定的慣性反應了。」

因爲，我知道她正走在一條艱難的道路上，因此在說這句話時，心中自然也有些不忍。

但是，**如果停滯在舊有的自我，一輩子都會無法改變。難道要讓「現在的自己」，就這樣成為人生的終點嗎？**

如果不希望如此，就只能不斷給自己時間，去擺脫內心的慣性反應。

首先，就是開始走路。

之後，即使總是累得蹲下，那位女性還是將「千步禪」堅持了下來。

某天，她傳了這樣的電子郵件給我。

「每次數到一半都會忘記，我就不斷地從頭開始。當我終於從第一步數到一千步時，原本讓我煩惱的那個人，從我腦中消失了，彷彿奇蹟，消失得一乾二淨。」

「千步禪開始之後，心裡的那股焦躁也不見了。真的好厲害，原來這就是你說的那種感覺嗎？」

雖然只是一個小小的變化，但是，至少讓她看到自己可以超越過去的全新可能。

「世界上確實有無可救藥的人，我也是其中之一。但是，如果可以，我真的很想掙脫出來。我想往前走，過著平穩的生活。」

我彷彿聽到了她的心聲。她現在終於可以稍微拉開距離，客觀地觀察自己，也讓人感受到，她已經逐漸看到了美好的未來。

那位女性，或許正開始朝著新的人生邁出一步——我看到了這樣的希望。

當然，打掃心靈的道路不會只有前進，有時，途中也會迷失方向，最後又回到原地。

這是必經的過程，每一個走向新道路的人，都會遇到這樣的事。

**重要的是，在又要陷入痛苦時，找到提醒自己想起正確方法的力量。**

妄想總是圍繞在旁，等著趁虛而入。所以，人必須要時時保持「正念」。

「正念」的力量非常強大，如同一把能修枝砍葉的銳利刀刃。只要願意眞心保持「正念」，就能將過去的心傷、對未來的恐懼，還有折磨自己的內心反應，全都削除得乾乾淨淨。

所以，走出去吧！

去感覺腳底的存在，去感受身體的重量——

睜開雙眼，感受腳下的大地，偶爾看看寬廣的天空，不停地往前走。

用意識去接受季節的變換、微風的味道以及太陽的光亮，成就澄明透澈的心。

不用擔心，擺脫「舊我」的那個瞬間，一定會到來。

請看著我往新道路走去的姿態。
那些誘使我痛苦的內心種子，已經全部消失了。

——央掘魔羅的告白《長老偈經》

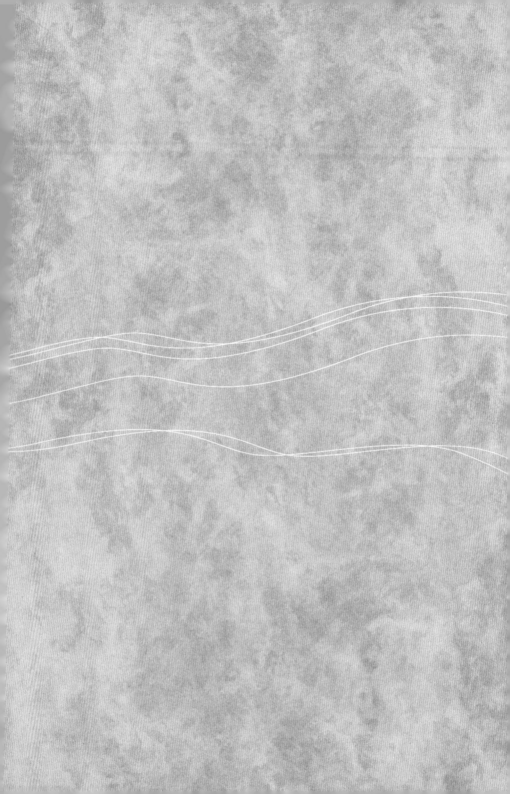

Chapter / 03

# 停・留

/ STAY /

未經思考而隨意給出反應，會自食苦果。
留在「自我領域」，
不要受到他人影響。

# 內心的洩漏，會讓人失去力量

我們的日常生活裡，總是圍繞著許多麻煩的人事物。難以搞定的他人、壓力衆多的日常、推崇虛僞的世間、過度煽動的網路——有太多事物總會干擾我們的日常生活。

麻煩的，還不只是外面的世界；總是躁動不安、無法平靜、思考混亂，遇到外物就反應的「內心」，更是令人困擾的存在。

如果覺得自己總是容易被干擾或影響，原因出在哪裡？是外在的世界或其他人所造成的？或是自己內心的軟弱呢？

兩個答案看起來似乎都是對的，但是又有點不對。眞正的原因是——「內

**心的洩漏」。我們稱為「漏心」。**

**漏心，就是忍不住對不必要的外界產生反應。**

前面的人稍微擋到路就會生氣不爽，手裡沒拿著手機就感到不安，夜深人靜時就想到不好的過去，一點小事就對人產生嫉妒——這些全都是對不必要的事產生反應的狀態。

這種狀態，就是「內心（正確來說是意識）的洩漏」。

佛教世界經常使用「無漏心」這種說法，在佛教聖典的原書裡也經常出現「漏」（leaking of mind）這個字。本書所使用的「反應」，其實就是佛教用語「有漏」的現代文翻譯（在現代的解析，「漏」是指煩惱，「有漏」就是「有煩惱」）。

人的內心，日夜都在反應，也時刻都在洩漏。洩漏給手機，洩漏給他人的話語，洩漏給世界的話題，洩漏給「半價優惠」，於是總是在生氣、妄想、不停的造謠及口出惡言——說得更正確一點，就是「隨時都在洩漏」。

處在這種情況之下，內心不可能獲得平靜；精神無法集中，就難以好好思考，自然無法維持好的狀態。

假設每一秒都對一件事反應一次，那麼，一天之內要反應多少次？這當中有多少是有意義的反應，又有多少是「內心的煩惱」（不必要的反應）？——或許，我們都必須認眞地徹底檢討一次。

如果容器破洞了，不把洞塞起來，就無法使用。內心也一樣，如果不把漏洞堵起來，不管怎麼做都沒有用。

所以，第一步就是要將「內心的漏洞堵起來」。

下面的步驟，就是告訴我們如何堵住「內心的漏洞」。

## 「自我領域」與「妄想區域」

首先，請閉上眼睛，看向雙手的手心。

接著，緊握雙手，再打開雙手。

然後，思考這些話

在這雙手的能力範圍之內，是「自我領域」。

這雙手無法碰觸到的外在世界，則在自我領域之外——也就是「妄想區域」。

這裡有兩個重要的關鍵詞——「自我領域」與「妄想區域」。

**「自我領域」，就是實際使用雙手所能完成的範圍。**只有在這雙手・這個身體的能力範圍之內，才是屬於自我領域。

閉上眼睛所感知到的「全身的感覺」，可以做爲圈定「自我領域」的標準。

**而在身體的感覺之外，則是自己無法撼動的「妄想區域」。在那裡的所有人事物，包括整個世間，全都屬於妄想區域。**

就像「定念」時所體驗到的，當我們閉上眼睛，原本就只能看到身體的感覺及眼前的黑暗。如果覺得看到了除此之外的其他東西，那就是妄想。

無論是人或世界，只要閉上眼睛，就看不見他們了。那麼，他們對你來說，就等於是妄想。所以，從這個意義上，他們都屬於「妄想區域」。

或許有人會想，「但是，家人或工作都算是自己人生的一部分——這些

**用「自我領域」消除「內心的漏洞」：**

**內心漏洞百出的狀態。**

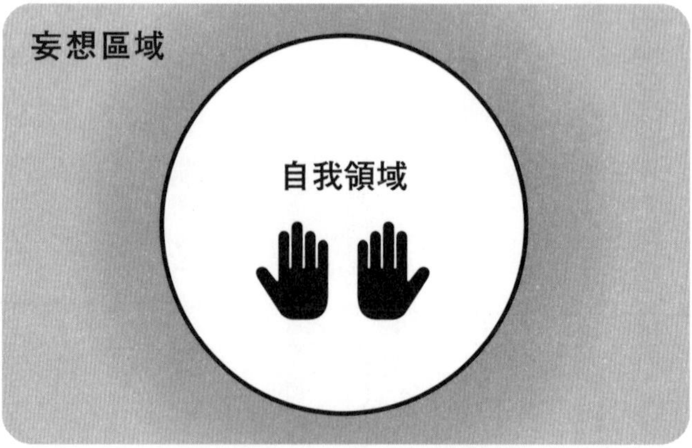


**用「身體的感覺」圈定範圍。**

不是妄想，而是現實吧？」

這麼想的人，請從這個角度思考——人能隨心所欲地活動自己的「雙手」，但是，卻無法只靠想法，在物理層面上去「活動」其他的人或工作。即使如此，我們在內心深處卻仍期待（妄想）他們能「照自己的想法而動」，所以才會產生反應。

也就是說，**透過妄想去看外面的世界時，人或工作就變成了自己妄想的一部分。也因此，只要外面的世界出現變動，就會讓自己的妄想也跟著變動。**

此時，就會製造出壓力及動搖的根源。

這個反應源自於人無法分辨現實與妄想，也就是無法區分哪裡是自己的能力範圍、哪裡又不是，所造成的。

爲了將這兩者確實劃分開來，就要確定好「自我領域」。自己的能力所能做到的事，只有這雙手能碰觸到的範圍，在這個範圍外的所有東西，都不要產生反應，不要洩漏了自己的內心——

這是不讓自己受到外面世界影響，最基本的心理準備。

## 能等到「聲音完全消失」嗎？

留在自我領域，不讓內心因爲外界而產生反應及煩惱，佛教將這種狀態稱爲「精神統一」。**靜觀自己（藉由正念）體內所有角落，理解所有的存在，但是不對外在產生反應——那就是極度統一的精神狀態。**

例如，閉著眼睛晃動鈴鐺，鈴聲就會在黑暗中響起。

這時，只要「看著」那個聲音，理解「這是聽見聲音的狀態」，不要產生反應，不要動搖了內心。

不久之後，聲音消失，只留下黑暗，確認「聲音消失了，只看見黑暗」，如此就不會在內心產生任何反應。

這種保持心境的方法，就是「精神統一」，也就是停留在理解階段的「零洩漏」狀態。

「雖然聽見了，但不去反應，只是單純理解」，是正念最簡單純樸的姿態。實踐的方式就是冥想、坐禪。

## 「完全無視」才能零壓力

接著，就來試著做到：對他人「不在內心產生煩惱」。

例如，有人用話語攻擊自己，像是冷嘲熱諷、惡意的批評及中傷、高高在上的指責，以及威脅恐嚇。

但是，「外面的世界是妄想區域」。只要閉上眼睛，就看不見對方，只能聽見人的聲音，單純的聲音。跟前面的鈴聲一樣，那些人的聲音，也只是「在黑暗中響起的聲音」。

所以，只要去理解「這是聽見聲音的狀態」就好。

在聲音消失之前，讓自己停留在「聽見聲音」的狀態，就不會累積壓力。

唯一可以「完全無視」外物的達人，就是佛陀。曾經有一位婆羅門＊以充滿敵意的話語辱罵佛陀，佛陀是這麼回答的——

我不接受你的東西——你的思想、話語及情緒。
你的話語，是只屬於你的東西。你怎麼帶來，就怎麼帶回去吧！
——與口出惡語的婆羅門對峙《南傳大藏經・相應部》

不管對方想什麼或說什麼，只要自己不產生反應，那就是「對方的東西」。自己只要像眺望遙遠的星星那樣（或是觀看動物園裡的動物那樣？），停留在「看見」或「聽見」的狀態就好。

只不過……現實卻並非如此。當我們聽到別人罵自己「愚蠢」時，通常就會出現「說我愚蠢？」「好過分！」「屈辱」「不甘心」的反應。

事實上，絕大多數的人立刻就會洩漏自己的內心，產生煩惱。

## 不被麻煩者干擾的「內心順序」

想要停止這樣的反應，首先就要觀察自己內心的運作。

接下來，我們就跟著反應（內心的洩漏）的變化，來確認當一個人從「遭受言語攻擊」到「產生怒氣」的內心運作吧——

①對方好像說了什麼，也聽見了——但是，尚未反應。
②知道對方在說什麼，也理解了——但是，尚未反應。
③思考那些話的意義，對那些意義產生反應——認同的欲望出現了反應，因而湧出怒氣。那些話的意義（思考）也殘留在心裡。
④事情過後，再度想起這些話語——對記憶產生反應，重新引發相同的情緒及思考。

其實，直到第二個階段，內心都還處在「尚未洩漏」的狀態。聽見了，理解了。對方的話語只是聲音，對方的想法只在妄想區域。只要告訴自己「那些都是妄想」，就可以結束了。如果是佛陀，一切都會在這裡終止。

但是，絕大多數的人都在瞬間就跳到第三個階段，他們急著捕捉對方話中的意義，然後觸動了與生俱來的認同欲，進而湧出怒氣。

如果是非常渴望被認同的人，更是一心只想申辯及解釋，反應也更爲激烈。他們會情緒激動、沮喪、賭氣、抱怨、哀嘆——那已經不只是「洩漏」了，而是「一潰千里」。

隨著第三階段的反應程度，也會改變第四階段「在記憶中反應」的程度。反應越強烈，就會在記憶裡刻得越深。往後，只要想被認同、被了解的欲求被觸發，就會再次引發相同的憤怒及悲傷。

想要避免內心的洩漏，主要有三個對策。

①「停在原地」──將意識能量留在自我領域，而非因對方而起的反應。
②只給予對方「聽見了」「理解了」的反應。就像是前面確認「鈴聲」那樣，只要不斷地實踐正念（理解其存在），就可能做得到。
③盡快洗掉反應之後所產生的情緒及記憶──這是不小心洩漏內心之後，用來補救的對策，在前面〈削除〉的章節裡已經實踐過了。

第一個對策「停在原地」的方法如下。

面對他人時，可以在心中進行下面的作業──

①首先，將意識朝向腳底，仔細感覺其存在。
②其次，將意識轉向自己的胸部，感受胸腔的鼓動，確認是否存在緊張、憤怒及恐懼等情緒。固守住「觀察自己領域」這個狀態，專注地看著腳底、胸腔的鼓動──
③努力保持現在的狀態，將「殘存的意識」轉向眼前的對手，並停在「聽見了」「理解話語的意思了」的狀態（加油！）。

也就是說，「將內心的一半用於觀察自己的反應，另一半則用來理解對方」。

請在自己允許的時間裡，模擬這種內心的運作方式（假想實驗）。閉上眼睛↓①腳底↓②胸腔的鼓動↓③保持狀態，並理解對方。即使是在事情發生當時——不管是多麼慘烈的修羅場——面對的方式都一樣。將意識抽離到別的地方，「停留在自我領域裡」。

我經常聽到有人說：「實際去做之後，才發現非常困難。」「看向自己，就看不到對方；看向對方，就分不出心力觀察自己的反應。」

的確，在剛開始的時候或許會有這種狀況。但是，很多實際執行遇到困難而傾訴情況的人，心中其實還充斥著自我防衛的辯解，認同欲所引發的過度反應及「對方一定是這麼想」之類的揣測等，相當高度的反應。

這時，就要用「看向腳底，看向胸腔，單純地理解對方」去取代這些反應。所謂的「理解」，只要做到正念——也就是明白其存在——的程度就可以了。眞正實踐過之後，說不定會發現比自己想像中的更簡單、更輕鬆。

不如一起來練習看看吧！

實行正念，不要洩漏內心。抱持智慧，不要反應外物。匡正心志、留在自我領域的人，不會被現實動搖，而能隨時處在自由（清淨）的境地。

——《雜阿含經・第二十四卷》

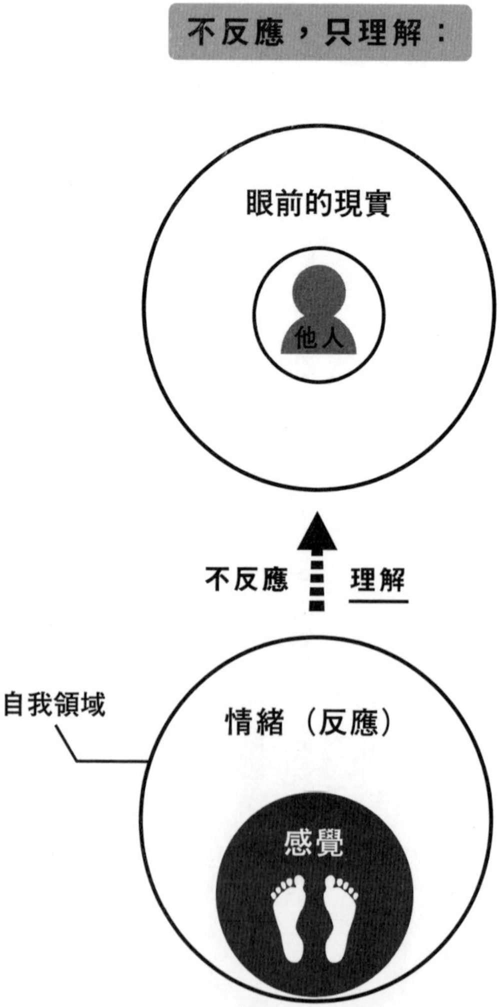


將意識留在自我領域。

# 守住「相互往來的標準」

留在自我領域裡的同時，也要確立應對外在世界（妄想區域）的方式。

「留在自我領域」「不去反應」經常會被誤解爲拒絕對方、拒絕付出關心。實際上，並非如此。這些只是爲了「不讓自己受到影響」的前提。

留在自我領域，不要無謂地讓內心受到影響，確實地保護好自己。之後，再確立明確的標準，主動與其他人建立連結。目的就在於此。

接下來，就是了解「該與外面的哪些人事物，建立什麼樣的關係」，也就是確立「相互往來的標準」——

## 以「作業、時間、有益」爲標準

有位五十多歲的男性，他是一間公司的老闆，下面有數十個員工，本人也非常好學，經常閱讀書籍及瀏覽報紙、網路上的新聞，吸收最新的資訊。

有一天，他來找我諮詢，說自己「總是感到不安，晚上也睡不著，還曾經滿身大汗地驚醒」。

我問他原因，他說：「我每天都在擔心業績、憂慮公司是否能撐下去，又必須防備同業的競爭，每當我接觸到天天更新的最新資訊時，就會非常擔心公司的未來。」

這是社會菁英，也就是俗稱的「高知識份子」最常出現的煩惱。

這位男性被自己對事業及員工的責任感、能否在業界生存下去的危機感，還有一個接一個蹦到眼前的最新資訊所刺激，導致心境完全失去了平靜。

也就是說，他完全失去了「自我領域」。

如果是人與人之間的關係，我們可以藉由①身體的感覺，去確認自我領域；或是②對於對方以「不反應，只理解」的方式去應對。

但是，若是像這位男性的情況——他必須在業界拿出傲人的成果，還必須得時時獲取最新的資訊，那麼，就更需要明確劃分出自我領域。

所以，他需要的是可以用來圈定「自我領域」的標準。

**標準有三個：①作業，②時間，③有益（有價值）。**

①作業，指的是**實際用自己的身體去做，或可以用自己身體去做的事**。

不在身體能力範圍內的事，就如前面所提，是屬於「妄想區域」。

將內心消耗在能力之外的事情，完全沒有意義。所以，不要分心，只要專注在眼前的作業就好。

當我告訴那位男性，「不管是業績也好，往後能否撐過去也好，這些不安都只是妄想而已」，他非常吃驚。

雖然每個人都會期待「成果」，但那是未來的事，並不存在於現實之中，所以都不過是妄想罷了。如果不將意識放在「爲了提高成果，自己可以實際做些什麼」的現實上，就會被妄想吞沒。

②時間，指的是**實際可以花費在有價值的事上的時間**。

所謂的「有價值」，是指可以促使事物往前，對自己來說有意義的事。

我們眞正使用在這些事情上的時間，到底有多少？如果實際上用碼錶去測量，會發現一天當中眞正有價值的時間，少得令人驚訝。

基本上，物理性的時間是有限的。一天二十四小時，八小時花在工作，再吃個飯、看個手機、休息一下，時間轉眼就過去了。

再加上，很多時候還得把時間花在沒有價值的事情上。

如果還把時間浪費在洩漏內心（反應或是妄想），可以用的時間就更加稀少。

所以，我們必須更清楚地意識到，自己度過了多少有價值的時間。

**一天當中，我們所能使用的時間真的很少，有價值的時間更少**——請一定要記得這件事。

## 眞的有「相互往來的價值」嗎？

與作業、時間相同重要的標準，還有一項是「有益」——也就是有價值的事。

外在世界裡，與我們有關的人、事、物或資訊，有些具有價值、有些沒有，全都混雜在一起。除了我們自己，沒有人可以區分。

如果缺乏判斷有益的標準（尺度），就會讓內心完全暴露在過多不必要的刺激面前。在現今的環境，這些充滿毒素的資訊及刺激，要多少有多少，所以危險性越來越高。

這位「高素質並熱愛閱讀」的男性經營者，之所以抱著這麼多不安、焦慮及壓力，就是因爲他毫無防備地將自己的內心暴露在外面的世界，導致吸收了過多的毒素。

因此，爲了圈定自我領域，才會需要「有益」這個標準。

所謂的「有益」（beneficial），具體來說，就是：

①具有方向性（目標）——必要的，具有正面效果。
②真正有用、可以實行的方法。
③能提高動力（意願、活力）。
④對他人有幫助與貢獻。
⑤能夠創造價值，留下有價值的東西。

另一方面，沒有益處（沒有價值）的事物如下：

①不具有方向性——不需要，沒有關聯，只會帶來負面效果。
②不能使用、無法實行的方法。
③降低動力（意願、活力）。
④會讓他人痛苦（傷害、否定或打壓）。
⑤得不到有價值的東西，什麼都無法留下。

以這樣的標準，重新正視外面的世界，就會發現有價值的東西眞的很少；相對的，沒有價值的東西佔了絕大部分。

這些事物，從根本上來說，有價值嗎？有方向性嗎？是有用的方法嗎？能夠留下什麼嗎？

「有益」兩字看似簡單，卻是攸關人與人之間的連結、工作方式、度過時間的方法、處理每日衆多資訊的方法等……一切與人生相關的重要標準。

## 以「眞實」爲標準

佛陀也很重視「眞實」這件事。

「**真實與有益**」，是與一切相互往來的條件，同時也明確展現了「不與虛僞事物相交」的態度。

所謂的「眞實」（truthful），就是沒有謊言。不去追求他人吹噓的謊話或妄想，例如謠言（八卦）、揣測、批評、猜忌、懷疑及無意義的壞話。

人最喜歡「自以爲是」地論斷別人，還喜歡帶著欲望及惡意去妄想，所以總是說別人壞話。

但是，只有當事人才知道眞相；尊重別人也是重要的事，更何況，那些事基本上都跟自己沒有關係。

無法確定眞相，跟自己沒有關係，內心還受到了毒害——這完全就是「內心洩漏了」的狀態。

所以說，**對於「不真實」「不關己事」「純粹是妄想」的事，一開始就不需要給予關注。**

就算有機會碰觸到那樣的人、事、物或資訊，也只需要給出「那不是眞實的」（只是妄想）的理解。

不要反應，留在自我的領域就好。

眞實，還有另一個重要的意義，那就是——

**「無法容忍他人受苦。」**

因爲某個人的傲慢或欲望，而讓人受到傷害或欺瞞，這時就需要守護眞相。卽使留在自己的領域裡，仍然有些事是值得挺身維護或是爭取的。

這一切都是爲了將他人從痛苦中拯救出來。用佛教的話來說，就是出於**「悲憫之心」——對他人的痛苦感同身受——所做的選擇。**

因爲不可傷害他人，因爲人不可受苦。

**如果你身邊有人正受到傷害或是被迫受苦，盡可能讓他們知道「你感受到他們的痛苦了」、「你明白他們正在受苦」。**

一個人所能做的事很少，卽便如此，說出眞相、爲了展示眞相付出行動，告知本人或他人「我知道眞相」——僅僅只是如此，都有人會因此得救。

保持誠實、理解他人的痛苦，都是讓人得以獲得自我認同及驕傲的品德，不是嗎？

來做個整理。

在身體的能力範圍之內，都是自我的領域，我們所要做的就是留在那裡，與外面的世界相互往來。

相交的標準是①作業，②時間，③有益（有價值），而「眞實」是用來判斷價值的基準。

以此爲標準，對於「自我領域」以外的事，不在意、不關心。

前面已經提過很多次，在現今這個時代，即使只是一支手機，都可能是救人良藥或致命毒藥。如果面對這些事情沒有明確的基準，就可能洩漏內心，招來污染、混亂及消耗。

自己的心，只能自己守護。

那位男性經營者告訴我，他後來決定大幅減少看手機的時間。他還是會閱讀報紙及書籍，但每次閱讀之前，都會問自己：「這是有益的嗎？能留下什麼嗎？」

「經過冷靜思考，我才發現，之前追逐的東西都是沒有意義的。」他的內心因此有了餘裕，晚上也能安眠，同時能更平和地面對自己的家人及員工。

我問他，爲什麼突然有這麼戲劇性的改變，他笑著告訴我：「因爲妄想減少了。」

## 過去就好

某日，佛陀指著漂流在恆河上的大樹，對修行者說：

比丘們，若這棵大樹不附著此岸、不附著彼岸、不沉沒於水底、不受阻於洲渚、不捲入於漩渦、不被取走、內部又未腐敗，那麼，這棵大樹應當會隨著水流，一直流向大海吧？

為什麼？因為河是流向大海，且連接著大海。

人如果也像那根樹木一樣，就會隨著水流，抵達涅槃的大海。

——水流大樹《雜阿含經‧第一一七四經》

這段話充滿了比喻。

「此岸」指的是自己的肉體，「彼岸」指的是聲音或視覺等五感的歡愉，所以「不附著於兩岸」，就是不讓自己沉溺於俗世的欲望中。

「沉沒於水底」，是放棄了前進；「受阻於洲渚」，是被囚禁於自我彰顯、自以爲正確及優秀的「我慢」（自我意識）之中。

「取走」，是指被他人的事所影響；「捲入漩渦」，是被欲望及執念所捆綁，以致無法動彈；「腐敗」則代表輸給了自己的軟弱。

這段話對於某些人來說，可能會非常刺耳。但是，佛陀想要傳達的是，如果願意朝著**「海」——自己所訂立的目標——不停前進，就一定會到達終點的「鼓勵」**。

世上有多少人，就存在著多少目標。

佛教有種說法爲「頓悟」，也就是透過正確的理解，將自己從痛苦當中解放。

有些人的目標是互相理解的人際關係，有些人追求工作及學業的成功，有些人則希望能夠舒服自在地生活。

該往哪裡流去？有沒有弄錯方向？——佛陀提醒我們，要時時謹記自己的「海」在何方。

想到達那個地方，需要什麼條件？——那就是「不讓自己被卡住」。

也就是不反應、不執著，不貪戀任何沒有價值、會妨礙自己前往正確目標的事物。

「漂流的大樹」就是「自我領域」。只要能確保住自我領域，內心就不會洩漏。

如果不小心「卡在岸邊」，就要有自覺地「離開岸邊」。也就是放下執著，回歸自由的心，然後，再次往正確的方向流去——

固守這樣的心境，接著只要「順流而下」就好，讓自己隨著時間確實地慢慢靠近終點，並且相信自己可以「到達」終點——

「這就是我要的人生」，這樣的自信，就來自於這樣的生活方式。

* 婆羅門是指印度教（婆羅門教）的祭司貴族，負責占卜禍福、主持王室儀典等活動，在社會裡具崇高地位。

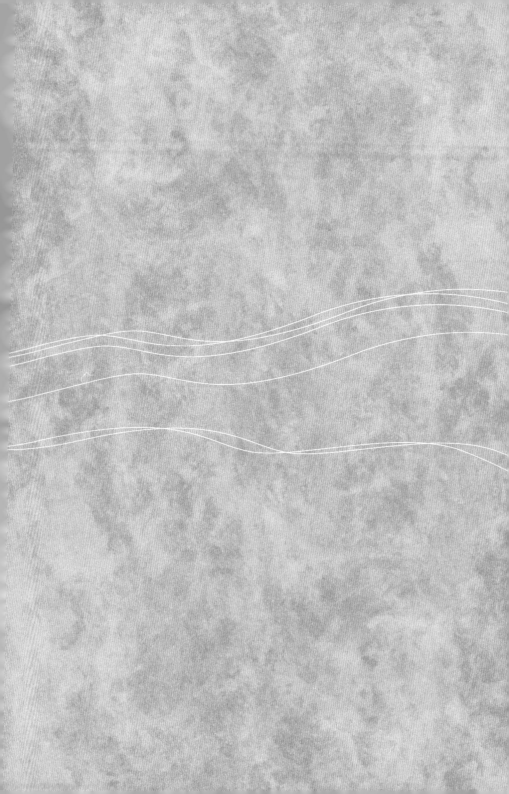

Chapter / 04

# 重建

/ REBUILD /

偶爾動搖崩潰也無妨。

內心可以重建，也有方法。

培養一個泰山崩於前而色不變的強大心靈吧！

# 怎麼能輸給過去

生活中，經常會發生許多事，讓我們在面臨的時刻卽便一直提醒自己留在「自我領域」，也還是不禁會受到動搖。

我們身邊至少有三樣事物，容易讓內心動搖。

一個是人，一個是周圍的環境，再來就是突發狀況。

前面已經整理過「不爲他人及環境」動搖的訣竅，那就是留在「自我領域」，用「相互往來的標準」去面對及處理。

最後就剩下突發狀況。要怎麼處理「突然發生了」「不小心做了」的事？這時就需要「重建內心的方法」。

接著，就來學習如何培育克服萬難的強韌內心吧！

## 「後悔」的特效藥只有一種

很多人都會放不下「過去未曾實現的夢想」。

從前很想得到的那個事物；過去應該跟那個人好好相處；當時如果這樣做了，現在一定會不一樣——抱著這種想法的人非常多。

這樣複雜的情緒，其中之一就是「後悔」。

迄今為止，人類還是不清楚後悔的本質，就算翻開字典，也只會查到「對過去的失敗等感到悔恨」之類曖昧不清的解說。

佛法看的是話語後面的「反應」。

「後悔」這兩個字的背後，到底藏著什麼樣的反應？

一是對已經發生的事的「憤怒」。

「糟了」「為什麼會這樣」——因為無法原諒已發生的事情，所以憤怒的情緒也一直殘留著。

那股憤怒會讓人想起過去，每次回想起來又會加深憤怒，那股憤怒又會生出妄想。

如果當時沒有發生那件事，如果自己這麼做了，如果那個人這樣的話——也就是說，製造出「後悔」的反應，是「憤怒」和「記憶」（妄想），以及從當中衍生出來的其他「妄想」。

既然如此，可以像這樣「貼標籤」：

**後悔＝憤怒＋妄想**

不需要把事情想得太複雜，簡單去理解就好。後悔當中有「憤怒」、有「妄想」。

那麼，想要脫離後悔，就要①消除憤怒，②消除妄想。

消除反應的基本原則是「理解其存在」（實行正念），所以只要「改變思考方式」，就有可能消除。

舉例來說：

將想法轉爲「對過去抱著憤怒也沒有用，只能讓未來的現實往更好的方向前進，努力活下去」，然後，放下憤怒。這麼一來，後悔就會消失。

告訴自己，「那是過去的事了，如今一切已變成妄想，再也不存在」，因爲記憶而產生的憤怒，就會慢慢消失。

最後如果①完全想不起過去，或②即使想起也不再憤怒，那就是已經從後悔中畢業了。

或許，有人會反駁，「說得容易，我的過去沒有那麼簡單」。但是，即使是再痛苦的過去，自己現在的內心，也只會看見「憤怒及妄想的反應」。

既然如此，在理論上就不能否定——消除憤怒、消除妄想是正確答案的可能。

之後，就要看自己是否能爲此努力踏出第一步。

今後的生活方式，就是實踐貫穿本書的佛陀教導，直到「後悔」從心裡面消失。

總之，後悔是百分之百可以消除的。

身爲作者，我本人就克服了許多過去的事物，擁有非常多這類經驗。

在漫長的人生裡，每個人多多少少都會留下一些後悔的情緒。因爲憤怒，所以妄想過去；因爲妄想，又讓憤怒復甦。許多人就一直困在這種「憤怒與妄想的惡性循環」裡。

但是，其實很多人是自願困在這個「惡性循環」當中的。比起脫離過去，他們更想留在後悔當中，原因可能是——害怕改變。

但是，請想像一下：困在憤怒及妄想當中，與拋棄過去、活在澄澈的心境裡，哪一種更讓人舒服自在？

答案應該很清楚。

乾淨俐落地從後悔中畢業吧！

下定決心，一起「拋棄名爲過去的妄想，洗掉所有的憤怒，試著去過全新的人生」。

超脫後悔的人，就如同從債務中被解放，疾病中被治癒，禁閉中被放出，
如同重獲自由，回到休憩之地。

——比丘的快樂《南傳大藏經．長部》

# 將「依戀」轉為動力

還有一個與過去有關的煩惱，那就是「依戀」——「無法放棄過去」的心情。

「之前應該那麼做的」「現在開始已經來不及了嗎？」——大家的內心，是不是有時會突然像這樣，想回到過去？

後悔與依戀，有什麼不一樣？如果說後悔是對過去的「憤怒」，依戀就是還殘留著「希望」。追尋著、渴望著，在沒有實現的願望裡妄想著過去。

如此一來，就可以像下面這樣為依戀「貼標籤」。

依戀＝欲求＋妄想

之後，就是進入「消除妄想」的作業階段。

一旦發現內心開始「妄想過去」，就要告訴自己「再怎麼妄想也沒有用」，給自己時間去消化。

只不過，光是這樣還無法解決「依戀」的問題。畢竟後悔是來自於「無法改變的過去」，所以只能讓自己放下憤怒及妄想。但是，依戀卻是「還有可能實現自己的欲求（願望）」。

這時要先去理解自己「還抱著（殘留著）欲求」的狀態，才能繼續進行以下的步驟。

所要使用的方法是——「正確思考」。

「正確思考」是佛法的根本思考之一，主旨是①**確定方向**；②**制定方法**。

「實現願望」是屬於「方向」的範疇。立定了「方向」才能朝向願望前進。重要的是，思考「**用什麼方法才能實現**」。

不是「回到過去」，而是「思考現在可以做到的方法」。

抱著欲求→妄想過去，對現在越來越不滿——這是「無用的思考」。

抱著欲求→思考怎麼做才能夠實現願望——這是「正確的思考」。

選擇正確的思考方式，會大大改變自己的日常生活。如果養成了「制定方法」的習慣，就會大幅減少被過去困住的機會。

## 以「作業方式」來制定方法

「制定方法」，最重要的就是：「以作業方式去思考」。

具體來說，就是①收集；②決定順序；③專心作業。

所謂的「收集」，就是去學習到底有哪些方法。

多多閱讀，或是請前輩分享經驗、到現場親身體驗等等，先去研究「大家到底是怎麼做的」，再將方法收集起來。

「決定順序」，就是依照階段決定該用什麼順序進行作業。在筆記本裡寫下大概的計畫，以及每天需要進行的具體作業，例如：①完成這個、②做好這個、③準備這個等等。

把計畫以文字寫下來，對於整理思緒很有幫助。

但是，很多人都是用妄想來組成「計畫」，他們靠妄想來決定「在這個時候，要做到這些事」，然後就沉溺在「到時如果完成了一定很厲害」、「絕對可以達到業績」的「愉快妄想」裡。

之後，很可能就會對目標及業績產生壓力，最後產生「既然無法達成，再努力也沒用」的想法，直接中途放棄。

無論是個人或是組織，都經常發生這種事，重點就是——不要讓自己被妄想控制。

佛法自始至終都將「未來」視爲妄想。「方向」**雖然是前進的目標，但是一定要與「實踐方法」相互搭配。**

那個方法不能只是「停滯在妄想」，而是必須要實際制定方式，並「專注地進行作業」，將眼光放在離自己最近的目標。

未來不是妄想，而是方向，必須要累積各種努力才能夠到達——只有抱著這樣的想法，才能以最大限度去活用現在的時間。

## 目標是「心無旁騖」

順道一提，我在學校讀書及後來的正念修行，都曾用過「以『作業方式』來制定方法」這個方式。

如果是讀書，就要決定想讀的書本及「閱讀方式」。「閱讀方式」，就是要決定「汲取作者的解釋（意義）」或是「摘出重點」等方向。

之後，再加上「將解釋的部分寫成摘要」或「整理出所有重點」等作業，專心進行。

若是需要記憶，就在筆記中細分出「預測可能會出的重點問題及答案」、「將寫下的重點分段，反覆朗讀」等部分。

就算是閱讀，也需要制定「戰略」。

正念的修行，也需要制定細緻的計畫。一般的冥想、坐禪、正念療法，概念都太過曖昧不清。如果不能細緻制定明確目的及作業方式，就無法貫徹正念。

例如，前面所提過的「七階段步行正念」，就是以「消除雜念及妄想」爲目的，所創造出來的方法之一。

我也曾經有個時期是，將想做的修行與一天的時間進行組合，制定「這段時間專心進行這項作業」的計畫。

**將「只要照這個順序，就一定能獲得成果」的想法，化成具體的計畫。之後，就心無旁騖，專心去做——**

一旦學會這種思考方式，就不會再沉溺於妄想，而是從方法及作業的角度去思考「自己能做什麼，怎麼做才會成功」。

集中精神專注作業是很愉快的事，更能確實地獲得成果。心懷夢想的人，首要的第一個目標，就是學會這種思考方式。

如果你的心裡還存在著「依戀」，請以「作業方式」徹底思考「自己可

## 洗掉後悔及依戀：

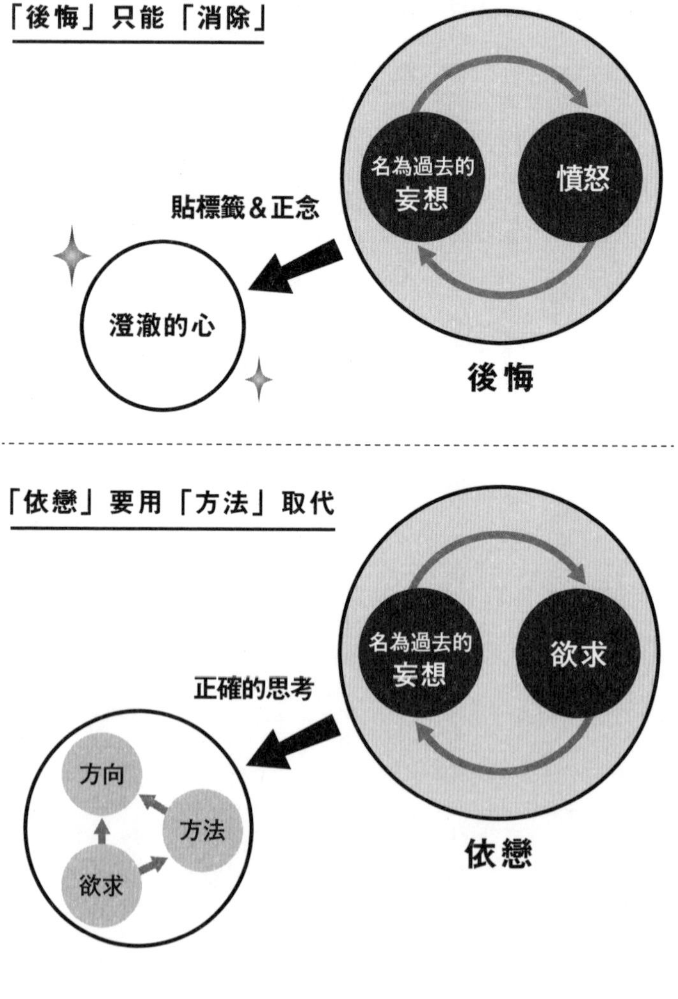
「後悔」只能「消除」
名為過去的
妄想
憤怒
貼標籤＆正念
澄澈的心
後悔
「依戀」要用「方法」取代
名為過去的
妄想
欲求
正確的思考
方向
方法
欲求
依戀

以做什麼」。

收集、嘗試——這是屬於「加法」的過程。

越往前走，就會獲得越多快樂。

然後，專注在眼前的作業，這才是快樂的根源（主旨與中心）。

進行作業時，完全不需要在意過去、年齡及自尊。忘掉那些吧——全都只是妄想而已！

## 捨棄「已經過期的夢想」

只是，不管再怎麼努力，還是有些願望無法實現。

這很可能是因爲，有些方法，不管怎麼努力都「找不到」。有人幸運地獲得機會，或是遇到貴人幫助，最終獲得成果；有人可能永遠都找不到方法，終其一生無法成功。

即使找到了方法，也可能因爲年齡、體力或生活狀況，而「無法付諸行動」。

願望，是有期限的。如果追尋下去只剩痛苦，還不如告訴自己「應該從夢想中畢業了」。

之所以這麼說，是因爲「**即使沒有那樣東西，也一樣能活下去**」。

人是習慣執著的生物。特別是認同欲——想讓自己被認同爲有價值的存在——這是最多人無法捨棄的欲望。

但是，那些願望大多都是「沒有也能活下去」的東西。除了吃飯、睡覺等本能的欲求，沒有什麼欲望是不可或缺的。

那些願望，到底是什麼時候產生的呢？

可能是最需要父母稱讚的孩童時期，也可能是「如果做不到就無法得到認同」所引發的渴望；或是對某人的憧憬，或是「想要得到某個東西，享受勝利的滋味」等貪欲。

因爲**執著在這些「沒有也無所謂的願望」，人才會產生「誤解」，進而失去自我肯定感**。

這些誤解會佔據人們的內心，讓人無法直視後來的人生。即使後來成功了，也無法放下這些誤解，而讓內心一直處在乾渴的狀態。

還有些人，既不能實現願望，也無法放下誤解，就這樣抱著依戀、挫折感、自卑、陰暗的憤怒及負面情緒，過完一生。

這些內心的乾渴與沉重負荷，都是因為誤將「不需要的東西」當成了「不能沒有的東西」。追根究底，都是「對欲求的執著」，讓內心變得蒼老、如同化石。

但是，從佛陀的角度去理解，「內心不過是執著於無謂思考的反應集合體」而已。它的真面目只有「反應」，沒有實體。

如果是這樣，那些「沒有就活不下去的願望」，基本上就可以全部捨棄。依戀，是由舊的欲求及妄想所組成，只要將它們洗滌乾淨，心靈就會重新復活。

不要執著於某個願望，人生應該活得更自由、更快樂。

也不要被過去的誤解所捆綁，那樣只會讓人生失去更多的可能。

# 從失敗中重新站起來的方法

人生經常會遭遇「失敗、受到打擊」或「失去自信」的狀況。

越是認眞努力的人，越是無法承受失敗。沮喪是正常的情緒，但如果一直無法振作，也會讓人痛苦。

讓我們藉由「正確的思考」，來幫助自己重建內心吧！

## 我確實經歷了失敗——只要這樣想就好

首先，過去的事已經成為了妄想，現在殘留的是「糟了」「失去自信」「評價變低」所帶來的動搖。

這個動搖的「本質」是什麼？

「自信」「評價」——全都是對自己的判斷。所以，首先要理解「**當中有對自己的判斷**」。

那麼，這些判斷又是來自哪裡？

人的內心有認同欲，這個欲望會促使自己時時做出「可以做到」「成功完成這些事」「得到別人這樣的評價」等等判斷。「**自尊心**」或「**自信**」，**都是認同欲為人量身訂作的判斷**。

於是，偶爾就會發生「現實」與「判斷」衝突的情況，那就是「失敗」。

這時，人就會以之前所建立的「對自己的判斷」爲前提來做出反應。

「不可能會這樣！」——之前建立的判斷越是堅固，反應就越強烈，就是所謂的「失去自信」、「受到打擊」、「無法重新振作」。

但是，所有的判斷都只存在於腦海中，所以都只是妄想。

結果，讓我們**產生反應的是「妄想」**，理解到此，事實大概就清楚了。

## 曾經失敗的人所選的「兩條路」

接下來，就是怎麼想的問題了。

人在面對「失敗」這樣令人不滿的現實時，通常會採取兩種選擇。

其一，是**緊緊抓住與生俱來的認同欲，徹底固守自己的妄想（對自己的判斷）**。

這會讓人出現「不可能會這樣」「我明明很厲害」「居然這樣罵我，太過分（嚴苛、冷漠、不近人情）了」等等反應。有時也會產生「我做不到」「評價變低，再也振作不起來了（放棄吧）」等悲觀、絕望的情緒。

這些是人爲了保護自己，所出現的逃避現實、推卸責任的防衛反應。而「我做不到」這句話的背後，**則隱藏著「我是有才能的，是這個工作、場所及人讓我做不到」的意義**。

雖然不是不能理解這種心情，但是，這終究只是認同欲在作祟，徒守著「我明明很厲害」的妄想而已。既不能改變現狀，也不能眞的變成「很厲害的自己」。

這時，可以選擇另一個選項，那就是「正確思考」。

也就是，①**確認方向；②轉而實行現在可以做的方法**。

正確答案只有這個。

失敗之後的方向，就是以「**到什麼程度才算厲害」為現實的目標**。確認之後，就付諸實行。

說到底，想成為「很厲害的自己」，就必須盡力去做自己能做的事。

這麼一來，就能專注在「自己應該進行的作業」上。

這與「動搖的自己」或「（妄想中）很厲害的自己」都沒有關係，而是**在需要的時候，是否能放下「自己」，進行正確的思考**。

強韌的內心，就是能守住正確思考的心靈。希望每個人都能培育出「無論發生什麼事都不會動搖」，堅韌強大的心。

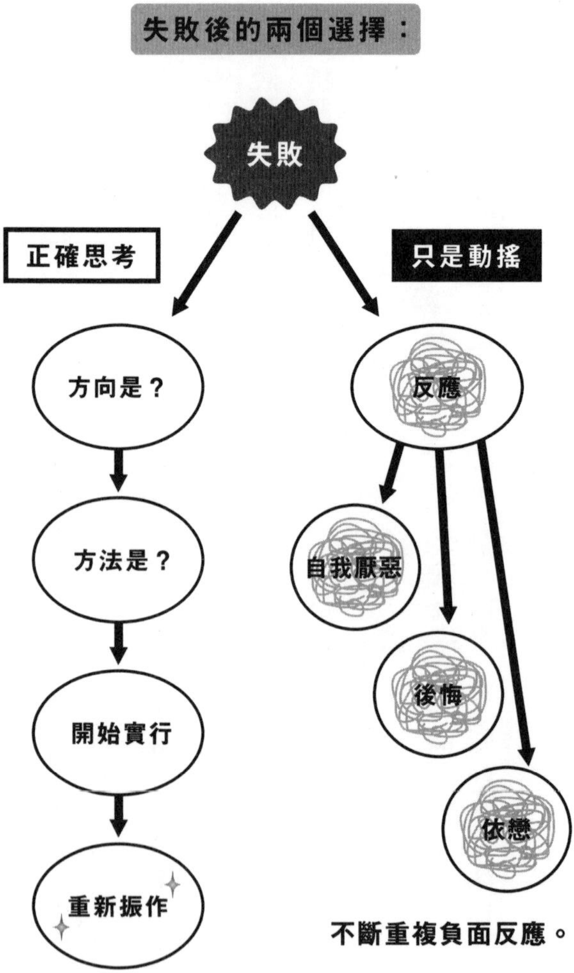
失敗後的兩個選擇：
失敗
正確思考
只是動搖
方向是？
方法是？
開始實行
重新振作
反應
自我厭惡
後悔
依戀
不斷重複負面反應。

# 最棒的人際關係是「理解並給予鼓勵」

每當遇到瓶頸，第一步就是進行正確思考——如果只是自己一個人的事，這樣就能渡過難關。但是，一旦牽扯到他人，經常就會找不到出口。

「不知道對方在想什麼」、「不管說什麼都無法溝通」——很多人都被卡在這樣的困境裡，進退兩難。

確實，人際關係是很讓人煩惱的問題。但，很多時候，狀況並不像許多人感覺到的那樣絕望。

重要的是，去理解「處理關係的基本原則」。

接著就來分析應該「注意哪些事」，以及「做好哪些準備」。

## 一開始會犯的意外錯誤

爲人際關係所苦的人，通常都會犯一個「錯誤」，那就是——**沒察覺到自己對外界的「判斷」**。

所謂的判斷，就是「自己這麼想」、「應該這麼做」等對事情的看法及思考。有的判斷屬於「決定行動的原則」（規範），例如工作上的決定或是禮儀，但是在人際關係上，則通常意味著「對於他人的論斷及偏見」。例如，「那個人是好人（壞人）」「那個人是這種個性」「喜歡（討厭）那個人」等對於他人的印象。

還有「你應該這麼做」等要求對方聽從自己的判斷，或是「沒辦法跟那個人往來」等相處方式的判斷。

無論哪種，都包含著「應該這麼做」（除此之外不接受）的論斷及偏見。人經常理所當然地做出這些判斷，因此引發了各種問題。

例如：

父母：因爲孩子做得不夠好而嚴厲批評。
主管：因爲屬下沒達到期望而心懷不滿。
老師：因爲學生不聽話而使用暴力。
男女：因爲對方不理解自己而感到孤獨。
這些問題所共通的情況，就是當中隱藏了個人的判斷——也就是「對方這裡不對」「這麼要求是當然的」「但是對方卻不聽話」「對方有問題」等等判斷。

有的是單方面的判斷，有的是彼此針鋒相對的判斷。

給出判斷的那一方會產生壓力：如果可以的話，還是希望彼此能好好相處。但是，又不知道該怎麼做才好。自己這麼想，對方的想法卻不一樣，因而感到不滿、疑惑——溝通就這樣停滯了。

受到判斷的那一方也會累積壓力，覺得不被了解、不被珍惜，好像錯都在自己，因而感到不滿、疑惑——溝通也就此停滯了。

這樣的停滯，在人際關係當中，到處可見。

那麼，要如何才能打破這種膠著的狀態呢？

此時就是「理解」發揮威力的時候了。

## 消除偏見

首先要做的，就是先不去看對方，而是回過頭看自己，從**「察覺自己的判斷」**這件事開始。

「對方這裡有問題」「就這麼做」「希望能這麼做」「為什麼不照做？」「我是這麼想的」「這才是對的」——先自問：在自己的判斷裡，是不是存在著這些偏見及論斷？

如果發現「這可能只是自己的獨斷」，就要努力「消除」那樣的想法，暫時解除「應該這麼做」的偏見。

不過，因為我們太習慣去論斷他人，所以很難發現「執著於判斷的自己」。這時，就需要進行「對判斷產生自覺」的練習。

①對自己平時或許太常——帶著偏見及批判——判斷他人，產生自覺。
②每件事都自問「是不是自己單方面的判斷」。
③注意自己平常無意中做出的判斷，並貼上標籤。

第三點是提高自覺最好的練習方法。

舉例來說，我們在餐廳選擇菜單是判斷，看到綠燈前進也是一種判斷。這時，就可以說「我判斷這個套餐比較好」、「因爲是綠燈，我判斷可以前進」。刻意把「我判斷」化成具體的語言，就能讓平常無意識中所做的判斷，浮出水面。

這對於幫助我們「放下判斷」非常有效，只要能自覺「這是判斷」，就有可能轉換成其他的思考方式，讓內心變得更柔軟。

## 「不想被人評斷」的心情

接著，則要努力試著以「理解對方」來取代判斷。

例如：

○從事實的角度去理解對方做的事，「他正在——」（嗯嗯，了解）。

○從客觀的角度去傾聽對方說的話，「從你的角度，確實是這樣呢」——確實會有這種感覺呢，確實會這麼想呢。

努力去理解對方——這會從根本上改變自己與他人的人際關係。會這麼說，是因爲人的內心原本就「不希望被評斷」，而是渴望被理解。內心會有各種感受、各種想法，都希望被他人了解及接受。這是所有人類共通的願望。

一旦內心受到評斷，就會產生痛苦。感覺被論斷、被評價、遭到壓迫，彷彿原本的自由受到否定，讓人感到不快。

人類內心的本質就是希望被理解，但是，卻被困在自己的判斷裡——自己怎麼想——而無暇他顧。最後，便以爲判斷或評判是正常的事。

所以，人才會習慣性的去論斷、批判，認爲他人理所當然要遵從自己的想法，專斷獨行，對不聽從自己的人感到不滿。

人應該要明白這是多麼自以爲是，甚至可以說是「暴力」的一件事。

對他人的判斷，隱藏著「自己是正確的」的傲慢。確實，人需要判斷，但只有對目標有所幫助時才需要。**自顧自的做出沒有幫助的判斷，只是為了滿足自己而已，也等於是傲慢。**

一方抱著「想要被理解的心」，另一方則抱著「想要評斷他人的心」——這樣走到最後，只會獲得「相互無法理解的關係」。

是不是呢？

## 不順利＆順利的人際關係：

### 不順利的人際關係：

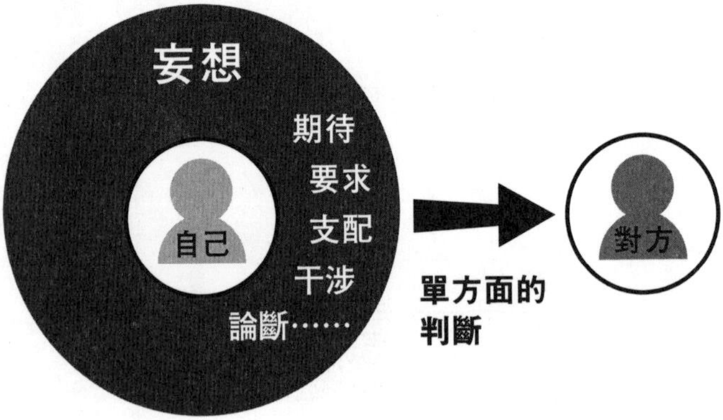


### 順利的人際關係：

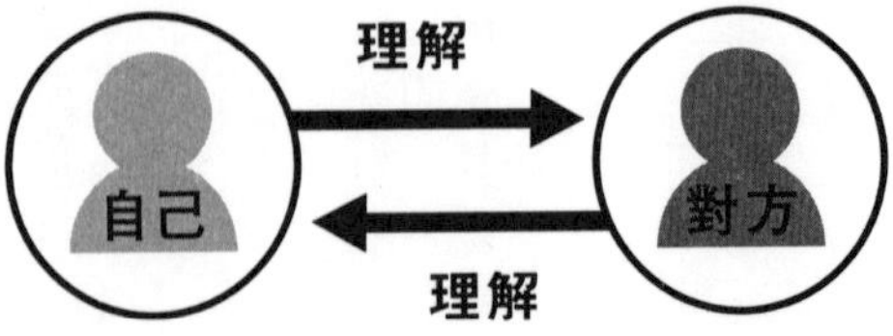

## 「高高在上」是最糟的心態

無意中的評斷會如何讓人際關係陷入停滯，下面就是實際的例子。

某位男性（約三十五、六歲），一直在爲另一半的事煩惱。

「我曾經親自找她討論，但她這個人很頑固，不管我說什麼都會生氣，我已經不知道該怎麼辦才好了。」他嘆著氣，似乎眞的走投無路。

從這位男性說話的方式，可以感覺到他認爲「自己在上，妻子在下」，而且自尊心特別高。

的確，他很有工作能力，是個「條件優秀」的人。但是，別人很容易就能感受到他傲慢無比的態度。

從妻子的角度來說，她一直被迫接受「有問題的是我，對方是願意跟我討論問題的優秀丈夫」這樣的評價。處在這種不公平的關係裡，沒有人會覺得快樂。

我認眞聽完他的煩惱之後，便告訴他，他的妻子可能感受到的痛苦。

人不會對高高在上評斷自己的人敞開心房，只要你不願意放下自己傲慢且充滿優越感的判斷，你們就不可能相互理解。

這名男性彷彿第一次聽到有人對他這麼說，只是靜靜地聽著。

工作能力很強，代表對人們有很多的貢獻。但是，不要因爲這樣便讓自己變得傲慢。只要願意盡最大的能力去理解他人，自然就會獲得好的評價，與他人的關係也會變得更順利。

接著，那位男性開始對我說出他的心聲。他的高傲不只破壞了自己與妻子的關係，在平常的生活中也爲他製造了很多壓力，一直活得很痛苦。

最後，他說：「所以，我必須得放下自己的傲慢才行。」

我回答他：「如果這是你的希望，那就是對的。」

之後，那位男性慢慢開始自覺到自己的高傲及優越感。

「我終於知道自己之前是多麼讓人討厭的傢伙了。」他寄了一封附上笑臉符號的電子郵件給我。

「我也不再和妻子『討論』問題，只是專心傾聽。比起之前，我們現在說的話越來越多了。」

請一定要記得：人的內心「不希望被評斷」，而是渴望被理解。所以，與他人相處時，需要「小心判斷」「認眞理解」。沒有人想要一段無法相互理解的關係。雙方心意相通，相處起來才開心，然後一起向前邁進。

知道自己的心意傳達給對方了，很令人開心；知道對方能理解自己，更讓人高興。如果對方願意努力去理解自己，才有可能打開心房。

不管面對什麼人，都要提醒自己「**先花幾秒鐘去理解對方**」。正視對方的存在，傾聽對方的話語，讓自己成爲願意「理解他人」的人。只要如此，就能改變關係。

## 一開始就從「對方的角度」思考

人與人之間的關係，還有一個很重要的心態，特別是對於「站在指導立場的人」來說，更是需要事先理解的內心運作方式。

例如養育孩子的父母、指示屬下的上司、教導學生的老師——在這樣的關係裡，比起命令他們「去做什麼」，其實還有更好的方法，那就是：「**理解並給予鼓勵**」。

與他人相處時，「理解」是展開關係的第一步。同時，還要再加上「正確的思考」——確定方向，思考現在應該做什麼，以及實行的方法。

以這個思考爲基礎，再去展開與對方的關係。

也就是：**①在盡力去理解對方的前提下，②從對方的角度去思考方向，③再思考可以實行的方法。**

基本上，很少人能眞正「從對方的角度去思考方向」，舉幾個例子來說：

○對孩子來說，正確方向就是幫助他們健康成長，未來能在社會上找到工作，獨立自主地生活。

○對家人及朋友來說，正確方向就是「建立相互理解的關係」，這樣就足夠了。

○對工作來說，正確方向就是「進行順利」、「提高效率及生產」、「提高成果」。

○對企業來說，正確方向就是創造對社會有價值的事物，同時還能創造更高的利益。

重要的是，去思考**「對這個人．這個組織來說，最好的方向是什麼」**，以及今後什麼樣的發展，對於對方才是最有利的。

這時需要注意「不要摻雜自己的判斷」，因爲對方需要的不是「別人認爲對他們最好的方式」，小心不要變成一廂情願。

總之，重點就是要努力理解對方，抱著敬意與體諒，去思考對於對方來說最好的方向。

只要有這樣的決心，自然會這麼說：「你希望怎麼做？」「有什麼我可以幫忙的？」

這些都是「詢問」——也就是努力去理解的態度，與強迫別人「這麼做」或「應該這樣」的態度剛好相反。

首先，要放下強人所難的態度，努力讓彼此的關係不要產生壓力。當心態改變，新的關係也會因此誕生。

> 佛陀會親切地招呼他人「過來這裡」「你來了」，溫和爽朗地接待對方，以開闊的胸襟，主動引導他人。
>
> ——《南傳大藏經．中部》

## 「壓迫型」或「向上型」

確定方向之後，接下來要考慮的就是「方法」——也就是可以做什麼、應該做什麼。

所謂的方法，以個人來說是：①作業；②階段（步驟）。如果是共有一個目標的關係（隊伍或組織），還要加上③各自的角色及功能。

然後，就是**「將每個部分具體化到可以各自專心作業的程度」**。

當然，就算不具體化，作業或許仍能進行下去。但是，那也只是剛好找到方法，或是難度較低，或是剛好遇到厲害的人願意幫忙等等。只有當所有相關人等都找到方法時，才有可能「不用引導也能運行」。

當一部分的人沒有找到方法，最終導致無法前進，問題就出現了。

這時，就必須將方法（作業的做法、步驟）一個個拆解，確認每個人對「方法」的理解到何種程度。

**不擅長指導他人的人，就是省略了幫助他人「理解」的步驟。**

只是單方面叫對方「去做」，或是抱著「不用說也知道」的樂觀（妄想），再不然就是把責任丟給對方，讓對方「有問題來問自己」；但是等對方真的過來詢問時，卻又說不出具體的方法，最後惱羞成怒叫對方「自己想」，或是指責他們「怎麼連這種事都不會」……

應該理解的人，卻無法理解應該理解的事，自然無法前進。

**做為引導他人、處在推手位置的人，必須能夠「看清事情的全貌」。**

無論是對方的內心、現場的狀況、進行的方向或方法，都需要付出不少學習及努力。

但是，這些努力很值得，更能讓人成長。

懂得教育的父母、可以信賴的上司、成功指導的教練及老師，都是可以「看清事情全貌」的人。

因爲看得清楚，才有能力指導他人，也能看到對方無法看到的盲點。

也因此能推著其他人朝正確的方向前進，鼓勵他們「試著去這樣做」「盡量去挑戰」或「一起加油」。

那不是高高在上的逼迫，而是「引導向上的鼓勵」；不是由上而下的「壓迫型」，而是鼓勵前進的「向上型」。

如果是這樣的關係，對方也會覺得「有人在努力理解自己」，進而產生信賴感，願意回應對方的期待。做爲引導的這一方，也能獲得很大的成就感。

明明是朝著目標一起努力的關係，卻因爲不懂方法而給彼此造成壓力，實在很可惜——因爲，原本應該擁有的是充滿創造力及幸福感、彼此「共同向上」的關係才對。

這是非常難得的緣分，一起來建立「理解並充滿鼓勵」的關係吧！

對於看不見前路的我，佛陀指引了確切的方法，並充滿力量地對我說，「不用害怕」。

——求道者戴拉卡尼的回憶《長老偈經》

## 「壓迫型」與「向上型」的不同：

**「壓迫型」**——高高在上的態度。

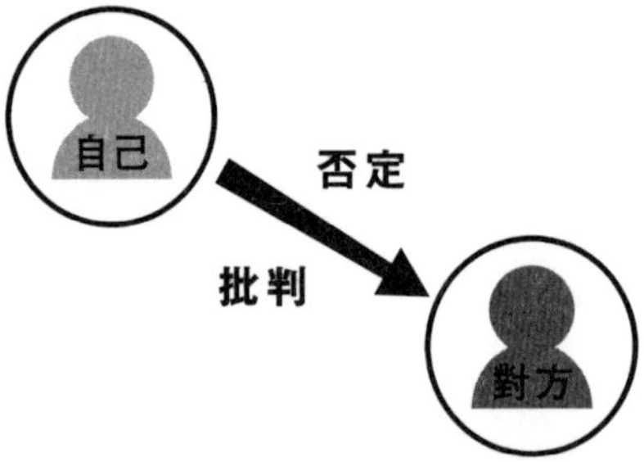


**「向上型」**——理解並給予鼓勵的態度。

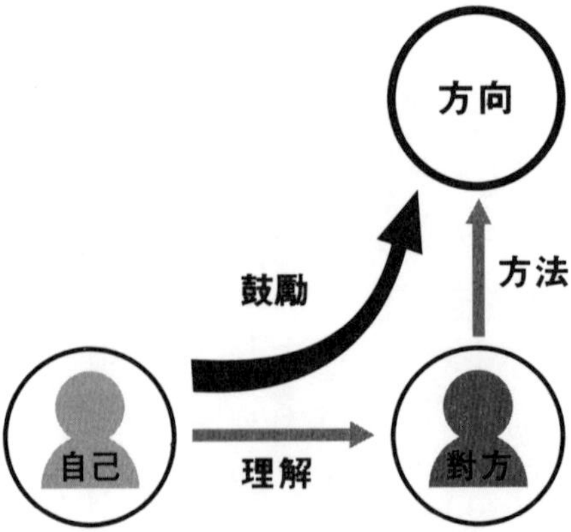

## 往前走，最後就能回家嗎？

理解，並給予鼓勵——雖然所處的狀況不同，但身為作者的我，本身曾經有過很多次如此嘗試的機會。

接著要說的是，某個對我來說，有點難熬（或者說比較奇特）的一天。

我和對方約在澀谷中心街見面，他渾身酒味。

他是無業遊民，靠著幫黑道跑腿賺一點小錢，見到面時，他在黑暗中的目光幾乎已經呆滯。

「今天早上真不好意思，請您喝一杯，當做賠禮吧！」

那是早上在代代木公園發生的事，他在愛心供餐活動中喝得大醉，然後大鬧會場。我和他談話之後，知道他有個「將近二十年沒有見面的母親」，便約好當天晚上再見，幫他寫信與對方聯絡。

我們坐上計程車，轉進新宿鬧街的暗巷裡，最後停在一間看起來有點詭異的雜居大樓前面。

從僅供一人通行的狹窄階梯走到地下室，就看到了一間陰暗的酒吧。

「我可以點一整瓶嗎？」他低聲說。

我問他，計程車費和酒費沒問題嗎？他堅持說：「放心，交給我。」

他點了一整瓶酒，我則點了烏龍茶，然後聽他說話。

他的父親是最底層的混混，幾乎很少回家。偶爾回來時，不是睡覺、喝酒，就是發瘋似的大吵大鬧。他從小就經常遭到毆打，甚至還曾經被菸頭燙傷。

他的母親對他也總是又打又罵，所以他從小學就開始勒索別人，初中幾乎是半輟學，連字都不太會寫。他沒有說父母犯了什麼罪，但兩人後來「全都進了監獄」。

他是詐領生活補助金的犯罪集團成員之一，所謂「詐領生活補助金」，就是將無業遊民軟禁在廉價公寓裡，然後捲走他們的生活補助金——他的工作就是負責將無業遊民騙到公寓。

佛法不「論斷」人的出生及行事的善惡。輕易下定論或做出評判，都只是出於自我滿足而已。所以我只是聽，然後接受。

同時，他也問了我「爲何會出家」。

過了晚上十點，他突然說：「不好意思，我可以打個電話給老婆嗎？」聽到他結婚了，我嚇了一跳，然後回答「當然可以」，然後他說「我馬上回來」，就快步跑上了樓梯。

然後——他再也沒有回來。

我一直等到快十二點，他都沒有回來。酒吧的店員說，「他該不會逃走了吧？」我撥打他的手機，只傳來「您撥打的電話——」。

看來，他眞的逃走了。

我沒有反應，只是理解。

那麼，接下來就是問題所在了——

我要怎麼接受這件事？

最常見的反應，應該是：「竟然逃走了！我有他的電話號碼！我要報警！」

但是，我的立身之道是佛法。我的生活方式，是以佛陀的教導，面對世間所有的事。

店員對我說：「大師，不好意思，那就只能請您付帳了。」即使我只喝了一杯烏龍茶。

最後的帳單是一萬七千日幣——由於這是我的酒吧初體驗，所以也不知道是高是低，但是對於一個雲遊四海、居無定所、沒有固定工作的出家人來說，已經算是一筆很大的金額。

我將意識集中到腳底，「感覺」到竹皮屐裡藏著一張千元大鈔……當然不夠。

結果，我就在店員的監視下，去鬧區的便利超商領了錢。

當時，我心裡想的是，「我居然還有可以處理這種場面的金錢，眞是太感恩了。」基本上，既然出家了，自然是身無長物、兩袖淸風（凡事都不執著）。無論是物質、住居或金錢，全都來自於「他人的恩惠」。即使手中有什麼，最終也會離己而去。

回想起來，我剛回到日本的時候，既沒有工作、也沒有錢，連住的地方都沒有，是個年過四十的窮和尚，最初兩天只能露宿街頭。

後來好不容易找到地方棲身，開了佛教講座，但，有很長的一段時間，也都沒有人來參加。苦撐許久之後，終於才慢慢聚集了一些人，也能拿到一點象徵心意的費用。

但我本身沒有什麼娛樂，也沒有什麼需要花錢的地方，所以，戶頭最後還是留了一些錢。

我心想：「原來這就是受到恩惠的感覺啊……」

我趕上最後一班電車，獨自走上飯田橋的坡道。

抬頭看向東京明亮的夜空，心裡想著佛陀的教導。

一切生存皆是苦——

這是佛陀最初教導人們的「四聖諦」——①苦諦：活著就是苦；②集諦：苦是有成因的；③滅諦：苦可以去除；④道諦：去除之道，謂之方法。

這個教導並不只是在談論自己的痛苦，當然，自己所感受到的痛苦也是眞實的，但眞正的意義是：

向對方、向所有人、向所有的生命告知，

「一切生存皆是苦」這個真相——

無論發生什麼事，都請先放下自己，去理解對方的痛苦。

今天早上借酒裝瘋的男人。

在公園裡大哭著說「我媽進監獄了」，他臉上的表情。

在夜晚的酒吧裡，聽到他述說那樣的慘烈又痛苦的人生——

這樣的人生太過艱辛。

從孩童時期開始就被傷害、被輕視、被排擠，活得既茫然又徬徨。

理解當中的痛苦，是最優先的事。

那時，我心裡所湧出的情緒是——

加油——

我在心裡用各種方式爲他加油——

加油，希望你加油。加油，一定要加油。我希望他的人生能獲得幸福。我帶著祝福，想著他的模樣，不斷在心裡說著：「希望你能幸福」。

想法（反應）會因爲所立身的「內心根基」而產生很大的改變。如果根基是貪欲及憤怒，就只會產生被欺騙、被背叛、被掠奪、一定要討回公道的想法。

但是，如果立身在「正確的內心根基」，就不會發生這種事。拋棄那些來自欲望及憤怒的反應，努力去理解，一切都從「理解對方的痛苦」開始。

一旦理解對方的痛苦，就「不會憤怒」。心懷祝福，自然就會湧現「希望對方能努力活下去」的想法。

我爬上坡道，內心被溫暖包圍著，感覺眞的很不可思議。我感受著這種像是鼓勵，又像是友情，如溫水般溫暖的內心，一個人回到了住所。

第二天早上，他打電話來了。

「對不起……」他的聲音低到幾乎聽不見。

「我一喝醉……就會不知道自己在幹什麼……」

我只跟他說了一句話：「謝謝你打電話過來。」

如果你昨晚就這樣逃走了，這段關係就結束了。但是，你打電話來了，我們的連結又能再次延續。世上沒有任何事比連結更重要了。所以，我想跟你說聲謝謝。我這麼告訴他。

之後，他就經常來看我。有時接到電話說「我到車站了」，等我過去接他時，他已經醉倒在路邊，站務人員怎麼搖都搖不醒他。

他的人生之後並沒有改變，到現在也都還沒有和母親見面。

但是，我和他的連結，一直延續至今，沒有中斷。

「理解並給予鼓勵」，有時需要花上很長的時間。但，卻是不能省略的時間。藉由正確的內心運作，用最大的誠意去面對對方，是唯一的解決方法。

與其說這是一條困難的道路，應該說是寬闊而尊榮的道路。當中相遇的人，會一直活著，世界也會朝著未來不斷前進。

「理解並給予鼓勵」的關係會培育出新的可能性，是最具有創造力也最有價值的道路。

也是能讓人獲得最多快樂，感嘆「此生足矣」，充滿幸福的一條路。

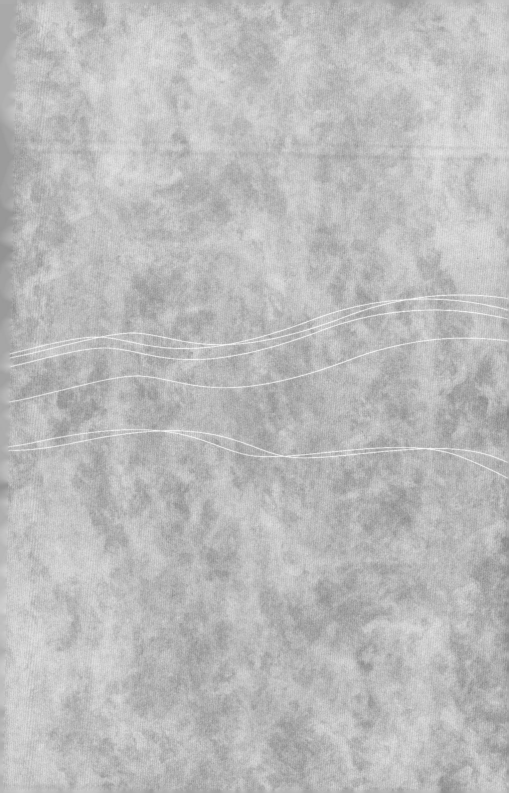

Chapter / 05

# 超 ▸▸ 越

/ O V E R C O M E /

理解的能力，

能將現實問題變爲「普通的課題」。

煩惱不是用一生來背負的東西，

而是用來理解並超越。

# 超越「無形的內心重力」

讓心靈蒙塵的，首先就是內心的反應。貪欲、憤怒及妄想，還有認同欲所製造出來的「我慢」等，都是造成每日煩惱的主要反應。

但是，「為什麼會出現那種反應？」有時會知道原因，有時卻不明所以。「被他人的話語所傷害」，這個原因非常明確，造成反應的是他人的話語。「和這個人在一起很痛苦」，原因也很清楚，就是對方的存在讓自己不快。但是，「連自己也不知道原因為何」的狀況，也令人意外，非常地多。

有的人是「明明沒發生什麼事，卻一直覺得很焦慮，完全感覺不到快樂」，有的人則是「不知道為什麼，總是會在一段時間陷入低潮」「不管換了幾次工作，都會為了人際關係所苦，最後只好辭職」。

有些人甚至數十年都活在這種心境及煩惱之中。

到底是什麼原因，會產生這種「找不到理由的煩惱」……？

原因就是「業」。

只有消除這些業，才能從原因不明的長久煩惱中脫身而出。

## 「業」的黑暗面

「業」，就是一種不斷從內心深處逼迫自己、重複出現相同反應的力量。

簡單來說，有點像是「個性」，或者是「慢性持續的情緒」。不是自己主動選擇，而是不知不覺就變成那樣的內心狀態。

這是一種無意識中不斷反覆的「反應模式」，也可以叫做「內心的慣性反應」。

人自己無法控制這種反應。所以性格易怒的人，就會因爲一點小事而生氣；容易緊張的人，只要站到人前就會全身僵硬。

擁有這種慣性反應，就會經常在工作及人際關係當中嘗到「又來了」的苦澀滋味；而造成這種模式的原因，就是內心深處所存在的「業」。

「業」的特徵是，①總是做出相同的反應；②長時間不斷反覆；③找不到原因；④有些人會因此感到絕望（痛苦到快撐不下去）。

「業」之所以讓人痛苦，是因爲會不斷捲土重來。有的是每隔數月就會再次發生，有的是在睡夢中突然襲來、讓人痛苦呻吟，更有的是日夜糾纏、讓人瀕臨崩潰。

「這麼說來，我好像也是不斷在重複相同的反應。」

「我好像也一直在爲同一件事煩惱。」

是不是很多人都有類似的經驗？

那很可能就是「業」。

## 「捆綁內心力量」的眞面目

由於難以察覺，所以「業」才會那麼難以克服。無論在心理健康或心理學的領域裡，這部分都還沒受到關注，但是在佛教的世界裡，「業」即爲「**將人與痛苦捆綁在一起的根源之力**」，不斷被提及。

輪迴——反覆的痛苦——
對世俗的執著構成了輪迴的基礎。
其根底潛藏著業。
業，會展現在思想、話語、行為這三方面。

——《南傳大藏經・增支部》

原始佛教聖典裡，記載了這樣一段話：
「執著」是長期堅持某個反應的一種精神狀態。

業是看不見的力量：

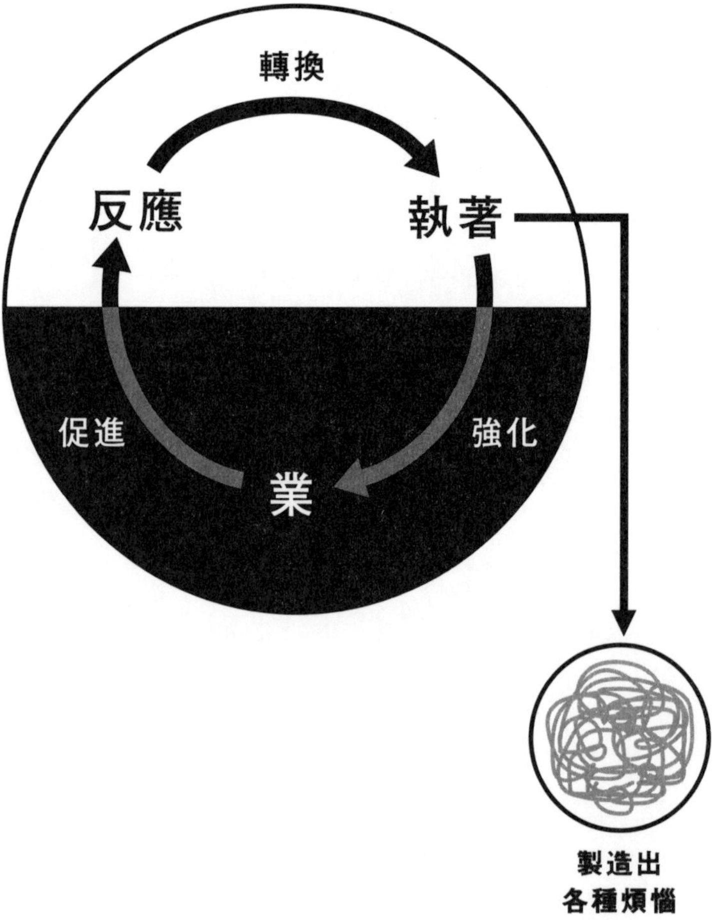

若反應是暫時的，後續很快就會消失，但若是過於強烈（進入轉換階段），情緒及記憶就會存續下去。

那種存續的精神狀態就是「執著」，依種類來分，就是貪欲、憤怒及妄想等「三毒」。

「業」就是製造「反應↓執著」這種模式的根源力量，讓內心在一碰到刺激的瞬間，就不由自主「做出反應」。

舉例來說，「憤怒的業」會觸發自己對他人的「憤怒」及「敵意」；「妄想的業」會製造出「不安」、「不信任」及「自己不行」的想法。

明明可以選擇其他的反應，卻因為「業」的驅使，最後總是做出相同的反應。接著，反應會化為執著，製造出「輪迴」——反覆的痛苦。

這是佛陀的話語所顯示出來的「內心構造」，也是讓人陷入不斷反覆苦惱的眞正面目。

## 改變心態，不再糾結於理論

此外，在佛教的世界，「業」也一直被視為「讓生命在前世來生、生死不斷流轉的力量」，也就是所謂的「輪迴轉世」。

但是，沒有人可以證明「輪迴轉世」真的存在，如果是科學，還能透過「相同的手法得到相同的結果」這種方式去驗證其真實性。但，「輪迴轉世」卻無法證明。

事實上，佛陀似乎也曾經提過「輪迴」的其他意義——

無論是現今的婆羅門或古時的聖者，都未曾見過天界。
既然不曾得見，卻暢言此道是到達天界之道。
這既無意義（不合理），也不過是空虛的妄想。

——對詢問天界之道兩位青年的訓示《南傳大藏經・長部》

無論眾人對這個世界有多少見解，都不能從生、老、病、死、憂傷、痛哭、苦惱中解脫，不能離苦。

我所傳授的，就是讓人從這個現世之苦當中，超脫的道路。

——《南傳大藏經・中部》

也就是說，**不要空談自己不曾經歷的事，只需要去實踐能真正幫助自己超脫痛苦的方法**。

的確，我們所知道的人生，只是現在活著的「這個人生」。只有從出生到離世的這段時間，才是「自己的人生」。

對「前世」或「死後的世界」抱著想像，是個人的自由，但是，應該還有更重要的問題，那就是「如何超越現在所感覺到的痛苦」。

對於這個問題，是要去「相信」所謂的輪迴轉世，還是去「理解」自己可以真正實踐的方法，那就是自己的選擇了。

後者的道路，才是所有人共通的解答，也是本書所要傳達的主旨。

一直反覆痛苦著的人啊——我知道你的真面目。
內心構造已被看穿，痛苦的運作也終於崩壞。
這個生命，已達到了最高的理解。當中不再有痛苦的存在。

——悟道者的話語《南傳大藏經・小部》

這個真理，以往未曾有人聽聞。
它將成為新的理解與思考的基礎，為受苦的人們帶來救贖與光明。

——佛陀初轉法輪《南傳大藏經・相應部》

# 與「內心的慣性反應」永別

那麼，要怎麼做，才能擺脫「業」這個麻煩的慣性反應呢？

基本上，還是「理解」。

「理解」這兩個字聽起來簡單，但是，卻很少人能真正體驗到其強大的力量。大部分的狀況都是在觀念上「似有所得」，實際上卻始終難以真正改變內心的狀態。

這裡的目標，就是「**理解業，從業的力量中解放**」。

看不到「業」的存在，會讓人非常痛苦；但是，隨著理解逐漸加深，慢慢地，就不會再受其控制。最後，內心的慣性反應變弱，也不會再反覆陷入相同的煩惱。

原本以爲只是個性稍微改變了，後來，才發現自己早已經擺脫「業」。

## 將「業」貼標籤

想要理解「業」，有一個訣竅，就是用自己的方式爲其命名。這是「貼標籤」的應用方式，可以幫助自己察覺「我的內心有這樣的慣性反應」。

然後，就能提醒自己「**當內心的慣性反應出現時，要小心；應該還有別的運作方式**」，進而改變原本的想法。

**業（內心的慣性反應）的代表類型**

**◎貪得無厭的業**——總是「要更多」，不滿足於現狀。

競爭欲強，認為自己理所當然應該被認同。

要求標準很高，完美主義，因為太過貪心而招致反感。

內心總是沒有餘裕，衝動焦慮、難以平靜。

**◎憤怒的業**——總是焦躁不安，每天都過得不快樂。

經常被他人的言行激怒，時刻都在抱怨，喜歡推卸責任。

容易累積壓力，不是生氣就是低落，情緒起伏很激烈。

**◎我慢的業**——認為自己最正確、最了不起。

總是理所當然命令他人，無視別人的想法。

心情不好就會遷怒他人，凡事以自我為中心。

喜歡高人一等的地位（虛張聲勢、狐假虎威，壓迫不順從自己的對手）。

**◎妄想的業**——總是回顧過去，對將來感到悲觀，容易變得不安。

擁有強烈偏見，總是單方面定義「對方就是這種人」「世界就是這麼糟」。

不信任他人（揣測背後的目的），缺乏現實感（脫離現實，與現實有所隔閡）。

**◎自我否定的業**——認定自己沒有能力、做不到、沒有價值、表現比別人差。一站在人前就會緊張，容易變得消極、懦弱。認為別人都既優秀又有魅力，自己的存在是一種麻煩。

上述每一種類型都業障繁多，但是，最常見的還是「憤怒」或「我慢」這兩種，甚至還有「憤怒與我慢的融合型」。例如，暴躁易怒、總是用權勢壓人的上司，或是滿懷怒氣、對孩子頤指氣使的父母等等，都是常見的例子。最近，妄想的「業」也日漸增多。這種人的腦子總是處在「妄想模式」，總是給人「旁若無人」「心不在焉」的感覺。或許是因爲智慧型手機、網路及電腦遊戲等，在我們的環境中過於氾濫的關係。

「業」本來就無窮盡，世上有多少人，就有多少種「業」。有的業是「太過在意別人的看法」，有的業是「容易想太多」「神經質」或「喜歡自作聰明」（想受到讚美）。

我們之所以需要對「業」的類型有所自覺，是爲了「察覺日常反應的模式及內心的慣性反應」。因此，爲了提高自覺的敏感度，可以替「業」取個獨特的名字。

重要的是，能夠讓自己察覺到「**啊啊，內心的慣性反應又出現了，就是那個——的業**」。

「只要換掉這種慣性反應就好，內心是可以重建的」，就讓我們樂觀以對，放鬆心情，往前邁進吧！

## 想要前進，就要「反省今日」

內心的慣性反應，最大的特徵就是自己難以察覺。即使察覺到了，也會輸給「業」的力量，被反應所控制。

因此，目前只能暫時藉由「**事後察覺**」，來加深自覺的敏感度。

這麼一來，事後的反省就很重要，像是提醒自己「又產生反應了」「業又出現了」。

佛法中所謂的「反省」，並不是讓人責備自己、愧疚沮喪，而是「深刻的理解」。

推薦的方法是，①閉上眼睛，回想當天；②在日記裡寫下觸發內心慣性反應的事；③對願意專心傾聽自己的人傾訴。

「今天發生了這種事，我的反應是——」將事實與反應拆開來敍述，也就是「重新回溯內心的履歷」。

之後，就是「貼標籤」。

「當時的反應到底是怎麼一回事？」盡量慢慢地用言語敍述出來。

「原來我對於對方抱著這種期望，是我要得太多了，這是貪欲的業。」

「當時太緊張了。大概是認同欲作祟，太在乎別人的眼光。這種事發生過很多次，應該是妄想的業。」

「這是嫉妒嗎？因為貪得無厭，導致自己滿懷怒氣，很可能是認同欲和憤怒的業所共同造成的。」

就像這樣，最後我們都會發現不斷重蹈覆轍的慣性反應，也就是「業」。

或許一開始很難捕捉到「業」的蹤跡，但是，跟著佛法的教導，不斷累積「觀看內心」「用言語確認」的作業，慢慢就能看清其眞面目。

能夠「看清自己內心的慣性反應」，是一件非常了不起的事，甚至可以說是「人生的重大革命」。

「業」之所以是「業」，就是因爲當事人看不到。我們的身邊都有這樣的人，像是有著「我慢」或「憤怒」的業，只要看看他們就很清楚。

**因為看不見，才會不斷重蹈覆轍——這就是「業」的特徵。**

沒有自覺、沒有反省。有些人就這樣一生都在「業」的支配下，一直走到人生的盡頭。

重點就在什麼時候能察覺到這樣的問題，一旦察覺到了，人就會有所成長，同時也能從長久的痛苦中「畢業」。

世上沒有比擺脫「內心的慣性反應」更讓人感到幸福的事。

**「業」會影響人的所有部分，包括日常反應、判斷、人際關係及工作**

能力等，也因此，能夠從「內心的慣性反應」中解脫，才會如此重要。

能夠「看清自己的業」非常的了不起，再怎麼強調都不爲過。

## 扯後腿的是——父母的「業」？

克服自己的「業」之後，還有一個課題需要找到答案。

那就是「**擺脱父母的業**」。

或許有人會很意外，「這跟父母有什麼關係？」

但是，我們日常所累積的許多壓力，很多時候，都來自父母的「業」。

即使已經活躍在工作的第一線、已經生了孩子、已經白髮蒼蒼，還是有很多人都在爲自己父母的「業」所苦（在自己未曾察覺的狀況）。

我曾經遇過一位三十多歲的女性，她的工作能力很強，卻和不肯認同她能力的上司處得很糟；她總是在反抗對方，又同時因爲對方的態度而感到沮喪。時時處在情緒激烈的狀態中，讓她非常苦惱。

在她內心深處的，是「想要獲得更多認同」的渴望——也就是「貪得無厭的業」在作祟。

因爲要得太多，所以會將上司的態度視爲對自己的否定，覺得「沒有得到正確的評價」（沒有看到我的能力）。爲了「獲得更多認同」而努力過度，導致對方對自己敬而遠之——

爲什麼會貪得無厭？**藏在當中的，就是父母的「業」。**

如果父母自己本身就抱著某些「業」（例如憤怒的業），對孩子冷淡或嚴厲，孩子內心「想要得到認同」「想要被溫柔以待」的願望就無法得到滿足。

一般來說，孩子被父母的「業」所影響時，會出現大約兩種模式。說是影響，更像是「業的遺傳」，也就是：

**①無意識的學習，背負完全相同的慣性反應。**

**②無意識的反抗，在內心培養出憤怒的「業」。**

這兩種模式會化成個性，也就是內心的慣性反應，殘留下來。

因此，卽使心裡想著「絕對不要變成父母那樣」，還是有很大的機率會「變成跟父母完全一樣的個性」。

如果有人認爲自己「跟父母的關係很好」「繼承了許多父母的優點」，那眞的是很幸運。因爲世上也有許多人長期抱著相同的痛苦，度過艱辛的人生。

這樣的人首先要認眞思考的課題之一，就是父母的「業」。

## 擺脫父母「業」的四個步驟

如果已經察覺到自己「明顯受到『父母的業』的影響，但是想從中獲得自由，擁有安穩又平靜的心和生活」，那就可以嘗試以下步驟。

①努力從客觀角度去理解父母的「業」（內心的慣性反應）。將他們當成普通人，冷靜看待。

②如果察覺到自己與父母的關係是痛苦的根源，可以考慮**保持距離**，製造盡量不讓內心受到刺激的環境。

③然後，**去面對自己內在的「業」**。每當內心的慣性反應再次出現，就要自覺到「又出現了」（貼標籤）。

④好好吃飯、多多運動，**增加「活在當下」的感覺（正念）**。

四個步驟當中最重要的，就是第一點，理解父母的「業」；及第二點，保持距離。

理解父母的「業」，就是努力將他們當成「普通的人」。撇開父母的身分，將他們看成「就是那樣的人」，從旁觀者的角度去加以理解。

這時，可以對照前面的「業」的種類來「貼標籤」。如果都不太合適，可以自行觀察，取一個更貼切的名字，例如「**傲慢及干涉型**」、「**孩子是個人財產型**」或「**憤怒的化身型**」等等。

「貼標籤」不只對自己的「業」有效，對他人，特別是父母的「業」也很有效。

有時候，想要眞正「劃清界線」，或許需要更「刺耳」的話語才行（不過，要小心別被刺激到了）。

努力去「客觀地理解」，就能慢慢從父母「業」的「詛咒」（其影響程度就是這麼大）當中解脫。

## 「保持距離」，不要猶豫

另一件比較重要的事，就是：與父母保持距離。

事實上，**一個長久為自己的「業」所苦的人，通常都是在「離開父母」之後，才開始出現戲劇性的改變。**

這部分有很明確的理由。因爲，只要還和父母保持關係，他們的存在就會一直干擾內心。處在這種半妄想的狀態裡，內心會不斷被與父母的過去、父母的話語及行爲，以及現今仍持續的關係所刺激，不停產生反應。

那個反應，就是過去一直重複的模式，在重重累積與強化之後，化成了自己的「業」。

**想從自己的「業」中解脫，就要先擺脫父母的「業」。**

**為此，只能先和父母保持距離——**

對某些人來說，這確實是「無可避免的選擇」。

但是，在現實世界裡，有時真的很難跟父母保持距離。

如果是這種狀況，至少可以先試著將父母當做「普通人」，去理解他們所背負的「業」，告訴自己「**不要再去反應，我的人生跟他們完全不一樣**」，毅然地做出切割。

當然，還有更多人察覺到「**自己一直被父母的業所捆綁，因此受盡折磨，所以決定保持距離**」。

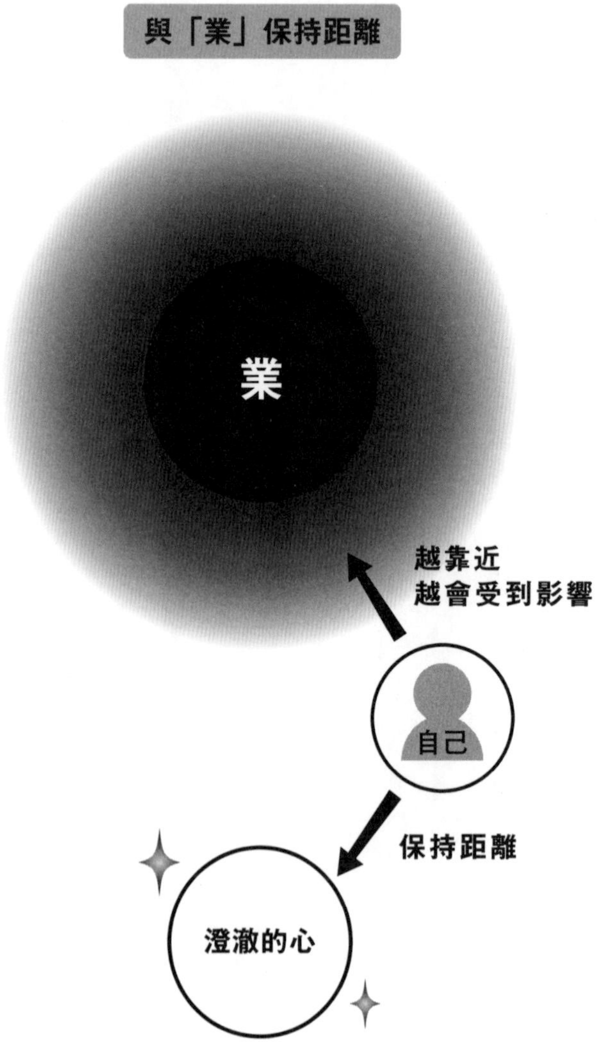
與「業」保持距離
業
越靠近
越會受到影響
自己
保持距離
澄澈的心

就如同自己必須決定如何與外面的世界共處，與父母的關係也必須做出決定。這是與工作、結婚，共同並列爲人生階段中不得不找出答案的「生活方式」的課題之一。

此外，「父母」與「孩子」，在佛教裡僅被視爲一種概念，也就是「妄想」而已。從佛教的角度來看，「沒有一種關係是絕對必須保持下去」的。想和哪個人保持什麼樣的關係，是自己的決定；只要做出選擇了，不管是哪個決定，都有可能變成對的。

那個選擇是對是錯，端看自己「往後的生活方式」。

這時，確實存在的只有自己的「心」。找到自己內心的痛苦根源，如果原因是父母的「業」，那就不要執著於這段關係。

暫時逃離對方「業」的影響，讓心靈恢復澄澈的狀態。

之後，或許還有可能重新建立彼此的連結。

不管是人生目標或是相處方式，都沒有「必須這麼做」的規定，重點在於「**正確的順序**」。

# 別擔心，不用再害怕

當我們走在路上，總是不斷與許多人擦身而過，搭電車等交通工具時，身邊也都是陌生的人。在這當中，許多人都在爲「害怕人群」這個「業」所苦。無論是在職場、家庭或學校，只要是人群聚集的地方，都隱藏著「業」所帶來的痛苦。

或許，「業」就是這個社會最大的「暗黑課題」，大家都爲之所苦，但誰都不知道怎麼「克服」。

即使如此，每個人都還是努力活著，讓人不禁心生敬意。

「業」是支配人們內心最深層的力量，想要克服，需要很大的覺悟與很長的時間。

但是，一旦下定決心要克服，之後就無所畏懼了。每當察覺到內心的慣性反應再次出現，就提醒自己：不要做出反應。經過長久努力，就能擺脫「業」的糾纏，讓諸多痛苦消失。

所有的苦惱都出自內心；捆綁內心最強的力量，就是「業」。

只要決心克服人生中的「業」，就能消除絕大多數的苦惱——

由此，可以看出這件事有多重要。所以，將「業」這個沉重的課題，放在「心靈洗滌」的最後一步，是有確切原因的。

幸運的是，佛陀的教導中就有「克服業的方法」。只要確實地實踐本書所提出的各種方式，就一定能讓內心獲得自由。

讓我們一步步朝著光明的方向前進吧！

# 不讓自己被世界「毒害」

下面有個關於「業」的大型課題，想跟大家共同探討一下：這是一個足以動搖世界的「巨大的業」。

「業」不僅僅是每個人單獨的課題，甚至可能是整個社會——形容得更大一點——整個人類種族的課題。

每個活在世上的人，都擁有獨一無二的內心，而每顆心都存在著「業」。那個「業」驅使人產生反應，製造出貪欲、憤怒及妄想，還有「我慢」等共通的欲望。

運作這個世界的政治、經濟、法律，甚至是文化、價值觀及生活習慣，全都發源自「內心」。可以說，內心創造了這個世界。

從這個角度思考，推動這個世界的，就是潛藏在人類內心的「業」——

這是很有可能的一件事。

接著，就來大致回顧一下人類所抱持的「業」吧！

第一，是貪欲，也就是無止境地追求過度的利益及權利。

例如，造成貧困及階級的根本原因，是一部分人的貪欲讓資源分配出現了問題。

現今，全世界一年所生產出來的財富，八成以上都掌握在不到百分之一的富裕階級手上——這就是貪欲所造成的世界性扭曲（由國際扶貧發展機構「樂施會」於二〇一八年所統計的結果）。

如今，國際局勢的惡化日趨嚴重，部分原因就是某些領導者貪得無厭的支配欲所造成。

未來的經濟趨勢也有被貪欲掌控的危險，因爲ＡＩ（人工智能）等最尖端的技術革新，有可能優先被用來滿足資本家及權力者的貪欲。

如此一來，會造成什麼問題？

**貧富差距擴大，以及單方面的控制及利用。**

絕大多數的人類，會被貪婪的少數人任意操縱及利用；同時有越來越多的人，會被認定「沒有價值」而遭到踐踏及捨棄。

**極少數的人坐擁財富，整體社會卻向下沉淪**——就是貪欲這個「業」，給世界帶來的苦果。

**憤怒**，則誕生在被強加的痛苦之中。

世上有無數的人，被迫遭受戰爭、歧視及暴力等等痛苦。

憤怒有其根源，正確的方向就是解決掉這個根源。對於不合理的對待，要挺身反抗；當社會出現問題，要努力改變法律及制度。若是自己的心製造出憤怒，就得靠自己的努力去克服那股憤怒。

在這當中，有一個東西會阻礙我們的努力，那就是**妄想**。

比起撫平傷者的痛苦，自己的欲望更爲重要，比起改善現狀，更想保住對自己有利的情況。爲了讓自己的存在顯得更有價值，不惜去否定他人。

人類長久以來就一直被自己的「想法」「思考」「信仰」等妄想所捆綁。不只是個人的傲慢及偏見，還會藉由意識形態、宗教、人種、民族、歷史、國家等「妄想」將自己正當化，持續否定、排除他人。

「我慢」與「妄想」是一體兩面。**被「我慢」所捆綁的內心，對於別人的痛苦會無動於衷。**自己的想法才是正確的，不接受任何反對意見，當現實不如己願，就會指責那是謊言或是欺騙，強烈將之排擠及否定。

特別是現在這個時代，網路、社群媒體都是會讓「我慢」及「妄想」無限增生的空間。

雖然網路及社群媒體都具有情報共享及交流等正面的價值，但是，相對的，也可能會觸發某些人的我慢或妄想，造成內心被毒素污染，並且擴大毒害的危險。

**我慢能夠滿足認同欲，讓人產生快感，所以不是那麼容易放手。**不只是人的內心，現今包括政治及國際關係、人們的言行及舉止，全都逐漸被「我慢」及「妄想」的「業」給吞蝕。

如果這個世界是由內心所構成的，那麼世界的另外一面，就是「所有內心反應的集合體」。一旦眾人的內心開始累積毒素，整個世界的毒素也會不斷增加。

據說，佛陀曾經猶豫過，是否要將「克服痛苦的道路」，傳達給那些被執著所捆綁的人。

事實也的確如此，時至今日，人們仍然沒有從貪欲、憤怒、妄想及我慢當中解脫出來。所有人的內心都充滿各種痛苦，這個世界也處在眾多問題尚未解決的危機當中。

盤據在人類內心當中的「業」，已經超越時代，越發增強了力量——這是目前人們所要面臨的現實。

佛陀想著——如此費盡千辛萬苦，將我所領悟到的事傳達給人們，說不定只是徒勞。

這些道理與世間的風潮相反，內容又過於精妙深奧。

因此，一定無法傳達到那些被執著所捆綁、看不見真相的人們心裡。

——傳道前夜《律藏・大品》

# 讓全新的「心靈運作方式」覺醒

話雖如此，我們仍然必須活在這個世上。畢竟，目前只有這個世界，是人類唯一能生存的地方。

那麼，就必須選擇自己在這個世界以何種方式活下去。對自己來說，什麼才是眞實的？在自己的領域裡，又過著什麼樣的人生？

當然，一直活在痛苦當中，絕對不會是選項之一。那麼，剩下的道路，就是該如何找到沒有痛苦、不被外面的世界毒害，被自己所認同的「理想人生」了——

答案，就是本書一直傳達的佛法，也就是佛陀所教導的「內心的運作方法」。

接著，就爲大家做點系統性的整理吧！

**只要克服這三件事，就能大展身手！**

首先，造成人們痛苦的原因大致可以分成三種：

①**反應**——受到外界的刺激，導致內心動搖，也就是「內心的洩漏」。

②**執著**——暫時產生的反應，經過「轉換」（刻印在記憶的過程）之後，變成持續的內心狀態。

③**業**——藏在心底深處，促使人不斷出現相同反應的力量。

克服這三件事，是我們人生的第一課題。

方法，就是透過理解去消除及超越，讓自己的人生，從痛苦環繞、永遠無法自由的「內心構造」中解脫。

這也是佛陀希望人們擁有的生活方式。

但是，世上的人卻總是選擇相反的道路。

總是想得到更多，總是不停地反應，堅信錯誤的道路前方一定有答案，總是對他人抱著期待，然後失望、焦慮，但是偏偏又不肯放棄這種永無止境、不斷要求的生活方式。

最終的結果，就是內心永遠得不到滿足，還因此遭受到更多的痛苦。冷靜地回過頭看，內心的渴望完全沒有減少，反而增加了。內心變得更爲冷硬，慢慢地，也感受不到眞正的快樂。

想要從這樣的現狀中覺醒，就要明白「**自己應該前進的方向在另一邊**」。

閉上眼睛，將自己的內心與外在的世界完全隔開。在自己的領域裡，找到「屬於人生最高價值的事物」。

這個無可替代的價值，佛陀稱之爲「正法（世間萬法）」。

對每個人而言，絕對正確的生活方式、每當遇到痛苦時就會想起的「心靈依靠」，可以是各種面貌。

包含所有的意義在內，「正法」就是「超脫所有痛苦的方法」。

喜愛法、樂於法，時刻都不忘法的人，即符合正確的內心運作，因此不會偏離正道。

——《法句經・比丘品》

阿難啊，你們要以自己為依皈，
要以正法為依皈（看見自己內在的真實）。
不要依賴除此之外的其他事物——包括人、還有他們的思想及話語。

——給弟子阿難的遺言《南傳大藏經・長部》

在這世上，方向（信仰）是人生最寶貴的財富；
遵行正法，帶來幸福；真理的味道最美；
智慧（正確的理解與正確的思考）的生活，
是人們心中最好的生活。

——巴利語佛典《經集·林主夜叉經》

# 最高目標——智慧

在佛陀所教導的「正法」（世間萬法）——超脫痛苦的方法——當中，有許多重要的本質（要素）。

○**中立的心**——不被反應影響，安定的精神狀態。
○**正確的理解**——理解所有的存在，不反應、不解釋。
○**正確的思考**——朝著正確的方向，思考有效的方法。
○**慈悲的心**——祈禱他人幸福，希望世界有更好的發展，能夠憐憫他人的痛苦。

## 「中立」才能打開所有的可能性

首先，最需要說明的就是「中立的心」了。這裡的「中立」（mental state of equanimity），是指一種沒有所謂快樂或不快樂、平靜安穩的精神狀態，佛經稱之爲「捨」。

一般來說，給予反應、享受快樂，甚至是被他人激怒，都被視爲是一種有價值的事。但是，無論是快樂或不快樂，只要產生反應，內心的狀態就會改變。如同前面所提過的，這種變化通常都會帶來苦惱。

因此，**沒有快樂或不快樂的情緒、中立和諧的內心，是最適合日常的基本心態**。

中立的心可以帶來各種正面的效果。例如：

○正確地理解他人及狀況——能正確理解。

○可以把握住方向及方法——能正確思考。

○可以集中在眼前的作業——保持專注的狀態。
○可以很快地轉換心情——能立刻放下執著。
○可以保持澄澈的心——能體會到不反應的心才是最頂級的快樂。

這些效果，全都源自「中立的心」。

無論面對的是人、工作現場或是課本與考題，一開始都需要「理解」。而能幫助我們給出最大理解的，就是中立的心。

該怎麼做才能解決問題？應該怎麼判斷？只有中立的心，才能讓人擁有正確方向的思考。被反應佔據的髒污內心，無法做出正確的思考。

想要提升一定的成果，需要絕佳的專注力及持續力，中立的心能夠幫助一切變得更容易。

擁有中立的心，能讓人很快地排除掉壓力及雜念，也能讓情緒轉換更爲順利。

想獲得這些多重的效果，就來實踐「正念」吧！

閉上眼睛，看著腹部及鼻尖的呼吸，一邊感覺腳底的存在，一邊走路。將意識轉向與思考不同的「感覺」，讓內心重新回到中立。

一旦感覺到「**中立才是最舒服、最有價值的狀態**」，就是改變人生的契機。

我們的心境會出現變化，不再覺得不停反應的人生具有價值，同時也能開創出更多的可能性。

停留在自我領域、努力制止內心的人很少。走在正道的人，會用正念去面對事物，處在不執著的境地；用中立的心，活在現實的世界裡。

——《南傳大藏經．相應部》

# 讓心靈乾淨如新的兩種智慧

「中立的心」，**會培育出「正確的理解」**。

大家都已經知道，所謂「正確的理解」，就是眞實（原原本本）地明白——存在的東西就是存在、不存在的東西就是不存在。

對於「最喜歡反應」的人類來說，這是他們最不擅長、也最難以得到的內心能力。

但是，正因爲是跟「反應」完全相反的能力，因此更隱藏著解決所有煩惱的可能。

能夠培養理解能力的訓練，就是「貼標籤」及「正念」。本書在前半段所提出的各種技術，全都是用來培養理解能力的方法。

## 理解的心，沒有痛苦

正確的理解可以消除內心的髒污，讓心重新恢復澄澈，是「洗滌心靈」最強大的力量。

事實上，像醫學或科學這些可以改變現實的學問，當中都使用了「理解」這個手法。努力解剖其中的原因及構造，然後根據這些理解建構出方法，進而改變現實——解決人類史上各種問題的最強智慧，就是「理解能力」。

內心的痛苦，也需要靠理解去解決。

這種痛苦的「原因」是什麼？——是反應？還是執著？或者是更為盤根錯節的「業」？

只要能理解原因，就會找到解決問題的方法。

對於日常生活中的煩惱，第一步也是要試著去理解，盡量不要讓自己被反應影響。「應該怎麼理解這個狀況？」「如何理解？」「應該從什麼方向去解決？」「方法是什麼？」——總之，就是努力去理解每個部分。

當我們能看清狀況、得到良好的理解，內心就能從苦惱中掙脫出來。
或許還會存在一些「課題」，但是「苦惱」已經消失了。

## 利用「正確的思考」突圍

要獲得「正確的理解」，首先要有「正確的思考」。這是在陷入「自己的想法」之前，先進行①找到方向；②思考方法；③開始行動等，有秩序的思考。

人的大腦經常會被自己的主觀想法佔據，「我這麼想」「我想這麼做」「我的想法才是對的」——一旦產生了這些想法，就很難再接受別的意見。

其實，一開始的時候，應該先思考下面這些事：

人生的方向是什麼？

這個地方、這個關係的方向是什麼？

社會應該走的方向是什麼？

這個步驟就是在和自己確認「**當下所做的事，方向是否正確**」。一旦發生問題，也不會產生動搖之心，而是先思考「什麼才是正確的方向」。每當忍不住想責備自己，或是想否定他人，也能夠提醒自己「**這不是好的方向，不應該這麼思考，不應該這麼說話**」。

因為一開始就找到了方向，所以不會被想要反應的心給左右，而能進行整體的思考。

## 唯願「自己幸福，人亦幸福」

還有一個重要的方向，就是「慈悲的心」。

「**慈**」是希望他人獲得幸福的心情，「**悲**」則是能對他人的悲傷及痛苦感同身受的能力。

這句話聽起來或許很「佛教」，但是如果失去了這個方向，所有的人生、組織，包括這個世界——最終都會走向毀滅。

外面的世界，到處都存在著與「慈悲」背道而馳的現實。在這樣的世界裡洩漏自己的內心，不會得到什麼好的結果。

這不是「宗教」，也與「道德」無關。

**選擇「慈悲」，是為了獲得最棒的人生，也是為了擁有更澄澈的內心。**

對比丘而言，什麼才是豐饒？

心地仁慈、悲憫，對他人的喜悅感同身受，甘願放下一切（中立心），去面對這個世界。

這才是人生最豐饒的收穫。

——《中阿含七十六經》

## 智慧的完成

PERFECTION OF WISDOM

「正確的理解」，加上「正確的思考」，在佛法中稱之為「智慧」。

智慧已開的心，不會產生痛苦。透過正確的理解，可以看清所有事物的本質，並且找到製造煩惱的原因及解決方法。

新的問題出現時，可以藉由正確的思考找到答案。

即使暫時找不到，也能夠保持「一定能找到」的信心，不讓內心被痛苦捆綁，確實地活在當下。

佛法讓這種美好的人生變爲可能。

這就是不依賴妄想，也不會對別人造成痛苦，既徹底又合理，經過千錘百鍊的「超脱痛苦的方法」。

# 確立「人生的最高價值」

活用佛陀的智慧，便能立刻找到「人生的最高價值」。

人類的內心所前往的方向，大致都是固定的。貪欲、憤怒、我慢及妄想——大概都被限制在這幾個方向裡，最終抵達苦海。

但是，透過正確的思考，在一開始看到那些方向時，就要告訴自己「我的人生不是來受苦的」。

我，是為了超脫痛苦而活著。

是為了成就澄澈的心而活著。

這是毋庸置疑的結論。

無論生活中發生任何事，都要再次確認這個結論。

**找到一個「不管怎麼思考都絕對不會錯」的方向，藉由反覆確認，便能成為人生不可動搖的正確「道路」。**

一旦找到正確的「道路」，所有的價值觀都會從根本被翻轉。

例如，從下列生活方式找到價值。

**○找到正確的方向——將價值放在對全體人類的幸福及社會的貢獻。**

**○在現今的場所，認真工作、克盡職責。**

**○認真的態度，換來生存的糧食，對這樣的自己感到滿足。**

**○不要留戀於貪欲、憤怒、妄想及我慢的心情，不執著於那些反應。**

**○發生問題的時候，能善用正確的理解及思考去克服。**

上述這些美好的價值，在我們找到「超脫痛苦」的方向時，全都會變得清楚明白。

但是，每個人會在人生的哪個時間點找到這些價值，因人而異。

不過，無論需要花上多少歲月，最終都會獲得無可比擬的回饋。

順道一提，身爲作者的我，就是在歷經長久的流浪之後，才終於找到自己所確信的價值。

在我最終遇見了佛陀的教導、體會到「天翻地覆價值觀」的轉變之後，唯一的感想就是：「如果能早點相遇就好了」。

過去那些長久折磨我的痛苦，原來都是沒必要的遠路，我的心裡只感到無奈。

## 不要輕易決定自己的價值

人生當中最有價值的東西是什麼？——只要找到答案，大多數的迷惘都會消失。

例如，有些人會爲「找不到想做的事」「不知道自己適合什麼」而煩惱，這是從「欲望」的角度去思考的緣故。

也就是說，自己被「想做」「喜歡」「適合」的想法給限制了——誤以爲人生的價值只有這些——所以才找不到答案。

透過正確的思考，就不會被「自己」及「欲求」給限制住，從而理解重要的是如何克盡職責，以及對他人有幫助。

所以，**就從「被社會需要」這件事開始吧！**

首先是「對社會有幫助」，再來才是「自己的希望」，這才是正確思考所帶來的結論。

一旦確定了方向，就大膽地去嘗試，或是從中尋找自己想做的事。

就算找不到也沒關係，**只要自己對某個人是有價值的存在，就「暫時足夠」**了。

無論是哪一種，都能得到人生的喜悅。

只需要轉換一下自己的思考方式，就會知道「這才是眞實的快樂」。

## 外面的世界與你無關

在今天的社會，貪欲及我慢都擁有強大的勢力。所有人都無止境地追求利益及自我展示，彷彿這些風潮都是有價值的事。

但是，對人類來說，這些全都只是「妄想的區域」。

我們不需要配合外面的世界；只需要去接受自己的人生——「只要這樣就好」。

**基本上，外面的世界與「對自己來說有價值的事」，完全是南轅北轍，而且毫無關係。**

一直被這些負面的能量玩弄在手心裡，大家應該早就受夠了吧？

差不多也該回到內心，去找到「對自己來說最有價值的東西」。知世故而不世故，展開獨立自主的人生。

定心求道吧！去實踐正確的方法。

這麼一來，這個世界的「真知者」，就會源源不絕地出現（無論世界如何改變）。

——給遊方者須跋陀的教誨《南傳大藏經・長部》

## 可以執著，但是——

這裡有另一個常見的疑問，順便一起做出解答。

「執著是不對的嗎？有時候就是因爲執著，才能夠堅持下去啊！」這是許多朝著目標努力的人，經常會有的疑問。

佛法沒有所謂的正確答案，只是提供「方法」，之後就看個人的選擇。

只不過，在這個問題上，有個地方從一開始就錯了。

那就是，佛陀所說的「執著」，應是「朝著有價值的方向，實踐正確的方法」之意，而非「長久以來持續某個反應的精神狀態」。

擁有不可動搖的方向，在佛教當中被稱爲「信仰」。

**找到了有價值的方向，持續實踐正確的方法——這是正確的生活方式。**

**執著於沒有得到的東西（妄想）並因此痛苦——這是不合理的生活方式。**

所以，這時就必須要問自己：「執著是不對的嗎？」這個問題代表的是哪個意義。

在我們還沒擁有「正確的思考」之前，其實是無法區分兩者有何不同的。然後，「內心的反應變成了執著」，大部分的人就這樣選擇了後面不合理的生活方式。

也就是說，在不知不覺間，人們就陷入了純粹的欲望（渴求妄想的精神狀態）之中，以爲自己「想要這個工作」「想要那種未來」「一定要有那樣東西」，不然，「自己的人生就沒有價值」——

於是，痛苦就這樣產生了。

內心總是乾渴，時時感到焦慮，不快樂，越來越不安，甚至對於成功的人又嫉又羨。

得到了，自己才算及格；得不到，所有的一切都失去意義——最後陷入「不是〇就是一」的思考模式裡。

爲什麼自己的心情會變成這樣？

原因之一，就是沒有自覺到名爲「執著」的內心狀態；更重要的是，不知道如何「正確思考」。

執著本身並沒有錯；因爲執著，才能堅持不懈地繼續往前走；個人的成長與突破（breakthrough），也是因爲有執著的存在才可能發生。

佛陀對於「從痛苦中解脫」這個目標，也擁有異於常人的「執著」。如果方向是對的，再怎麼執著都沒關係。

血液乾涸時，膽汁和粘液也乾涸；肌肉消耗時，心更平靜，我的意念、智慧和禪定更堅定。

徹底理解這種境界，擺脫煩惱，便能達到涅槃。

——成道前夜 本生《經集》

## 痛苦時，可以這樣想：「我的思考方式可能錯了」

關鍵是，在「求而不得的執著轉爲痛苦」的那個時間點，自己能否回到「正確的理解」和「正確的思考」。

首先，一定要理解——還沒有到手的東西，都只是妄想。

「求而不得的痛苦」，就是執著於妄想所帶來的痛苦。

要知道，那只是妄想而已，原本就什麼東西都沒有——追求什麼都沒有的妄想，不是很不合理嗎？

所以，這時要轉換成「正確的思考」：①察覺自己的執著狀態，然後放下；②思考之後的方向，怎麼做才最好；③現在可以做什麼？在自己的能力範圍內，可以做什麼？

這樣的思考，**可以讓人在「當下」的這一刻，找到答案。**

因爲，只有現在能做的事，才是眞實的。最重要的就是，在「當下能做的事」之中找到滿足。

努力成爲一個永遠活在「當下、當下、當下」的自己吧！

**未來是「當下」的累積，將眼光放在當下，才能夠得到快樂。**所以，**內心的能量要用在「如何讓當下得到快樂」。轉換思考的方式，能讓人產生「這樣的人生很美好」的肯定感。**

他們不悲傷過去，不希求未來，他們以眼前的維生，因此容色明淨。
由於希求未來的，由於悲傷過去的，以此，愚者乾枯，如被割斷的綠蘆葦。

——《南傳大藏經・相應部》

# 「今天一天，非常幸福」的心情

在當下的時間裡，得到幸福——那絕對是最棒的生活方式。

一旦擁有這樣的生活方式，人就不會把眼光放在金錢、物質或他人的評價等外在的世界，去尋求「幸福的證明」。

然後，即使是下面這樣平常的事情，都能讓自己感到幸福。

○能吃、能睡、能洗澡、能外出。

○能在被需要的場合，貢獻自己的能力及知識。

○能尊重他人，理解他人的喜悅與努力的姿態。

○能用五感去感受每日的天氣及季節的轉換。

這些幸福，全都能在日常生活當中獲得。

只需要「轉換內心的使用方法」，就能停止依賴外在的世界，得到自給自足的幸福。

**過去的自己，總是覺得無法從現實當中得到滿足、時時都在追逐著什麼。如今的自己，則能從上天恩賜的每一天當中得到滿足，「活在當下」就是幸福。**

到達那樣的心境之後，人生的境界就整個「提升」了，不會有比這個更好的生活方式。

「我找到有價值的生活方式了，未來餘生都要走這條路。」

這就是「最圓滿的狀態」。

大富者與大財富者們，甚至擁有國家的剎帝利族，相互貪求，在欲上不滿足。

捨貪與瞋後，已掃蕩無明後，煩惱已盡之人，才是世間最充滿智慧的人。

——《南傳大藏經．相應部》

# 從現在開始，保持澄澈的心！

最後，重新回顧至今爲止的路途——

最開始時，我們都有著「不斷燃燒的心」，「被煙灰及灰燼弄髒的心」。之後，得知了許多「洗滌心靈」的技術，也看到了「沒有髒污、澄澈的心」是何種樣貌。

那樣的內心裡，有著中立的心、正確的理解、正確的思考，以及慈悲。

當自己理解到這些事物的價值，生活就會出現一百八十度的改變，連人生都會變得完全不同，對未來也會產生希望。

最終的目標，就是「澄澈的心」。

在那個心境裡，沒有痛苦、煩惱、迷惘；也沒有內心的渴望、後悔、依戀及不安，沒有半點塵埃——只剩下平靜的快樂，期待著「幸福地過完每一天」。

前面所學習的各種「洗滌心靈的技術」，就能帶領我們邁向這個澄澈境地。

正確的理解與思考，才能讓心靈澄澈。
清淨解放的心，才是人生能品嘗到的最高幸福。

——《南傳大藏經・長部》

財富及容貌等有形的東西，會隨時消逝。
只有「道」才屬於己身。
實踐正道的人，內心才不會遭受痛苦。

——藝妓菴婆巴利《南傳大藏經・相應部》

道路，需要一步一腳印。

人只要活著，就必須一直往前走。

只要有方法可以克服困難，就不需要半途而廢。

只要相信——一定有方法，靜心等待相遇的時刻，然後努力找到每天生活中的價值，善用自己內心的能量。

「澄澈的心」是人生的最終目標，也是此時此刻、當下所能獲得的最高價值的東西之一。

所以——

**第一步，就先從實踐「洗滌心靈的技術」開始吧！**

**就算只有一點髒污也沒關係，只要感覺內心開始變髒了，就提醒自己「現在開始，要注意讓心靈保持澄澈」。**

每一天都是新的一天。

因此，不管是內心或是人生，都有可能煥然一新。

只要下定決心「保持心靈澄澈」，隨時都有機會開始。

所以，一定不要放棄希望！

讓自己有一天能感受到——「活著眞好」「這樣的日子也不錯」這樣的心情。

然後，繼續往前進吧！

國家圖書館出版品預行編目資料

有那麼多煩惱，是因為你過度思考和追求：東大名僧教你 5 步驟心靈洗滌術 / 草薙龍瞬著；楊詠婷譯 . -- 初版 . -- 臺北市：日月文化，2020.07
256 面；14.7×21 公分 . --（大好時光；33）
譯自：こころを洗う技術：思考がクリアになれば人生は思いのまま
ISBN 978-986-248-890-4（平裝）

1. 佛教修持 2. 心靈改革

225.87 109006996

大好時光 33

# 有那麼多煩惱，是因爲你過度思考和追求

## 東大名僧教你 5 步驟心靈洗滌術

## こころを洗う技術：思考がクリアになれば人生は思いのまま

作　　者：草薙龍瞬
譯　　者：楊詠婷
主　　編：楊雅惠
校　　對：楊雅惠、吳如惠
封面設計：Ancy Pi
視覺構成：ivy_design
行銷企劃：陳玟芯

發 行 人：洪祺祥
副總經理：洪偉傑
副總編輯：謝美玲
法律顧問：建大法律事務所
財務顧問：高威會計師事務所
出　　版：日月文化出版股份有限公司
製　　作：大好書屋
地　　址：台北市信義路三段 151 號 8 樓
電　　話：(02)2708-5509
傳　　真：(02)2708-6157
客服信箱：service@heliopolis.com.tw
網　　址：www.heliopolis.com.tw
郵撥帳號：19716071 日月文化出版股份有限公司

總 經 銷：聯合發行股份有限公司
電　　話：(02)2917-8022
傳　　真：(02)2915-7212
印　　刷：禾耕彩色印刷事業有限公司
初　　版：2020 年 7 月
初版四刷：2024 年 3 月
定　　價：320 元
I S B N：978-986-248-890-4

KOKORO WO ARAU GIJUTSU
BY Ryushun Kusanagi
Copyright ©2019 Ryushun Kusanagi
Original Japanese edition published by SB Creative Corp.
All right reserved
Chinese (in Traditional character only) translation copyright ©2020 by HELIOPOLIS CULTURE GROUP
Chinese (in Traditional character only) translation rights arranged with SB Creative Corp., Tokyo through Bardon-Chinese Media Agency, Taipei.

◎版權所有．翻印必究
◎本書如有缺頁、破損、裝訂錯誤，請寄回本公司更換

生命，因閱讀而大好

生命，因閱讀而大好